Beate Winkler

ES IST ETWAS IN MIR, DAS NACH VERÄNDERUNG RUFT

Beate Winkler

ES IST ETWAS IN MIR, DAS NACH VERÄNDERUNG RUFT

DER SEHNSUCHT FOLGEN

Mit einem Vorwort von
Stéphane Hessel

Kösel

MIX
Papier aus verantwortungsvollen Quellen
FSC® C013736
www.fsc.org

Verlagsgruppe Random House FSC® N001 967
Das für dieses Buch verwendete FSC®-zertifizierte Papier *Profisilk* liefert Sappi, Alfeld.

Umschlag: Monika Neuser, München
Umschlagmotiv: Beate Winkler
Druck und Bindung: aprinta druck GmbH, Wemding
Printed in Germany
ISBN 978-3-466-31008-1

Weitere Informationen zu diesem Buch und unserem gesamten lieferbaren Programm finden Sie unter
www.koesel.de

ACHTE GUT AUF DIESEN TAG

Achte gut auf diesen Tag,
denn er ist das Leben –
das Leben allen Lebens.
In seinem kurzen Ablauf liegt all seine Wirklichkeit
und Wahrheit des Daseins.
Die Wonne des Wachsens –
die Größe der Tat –
die Herrlichkeit der Kraft.
Denn das Gestern ist nichts als ein Traum
und das Morgen nur eine Vision.
Das Heute jedoch, recht gelebt,
macht jedes Gestern
zu einem Traum voller Glück:
Und das Morgen
zu einer Vision voller Hoffnung.
Darum achte gut auf diesen Tag:

RUMI

INHALT

VORWORT

VON STÉPHANE HESSEL

ICH WILL DIE ZUKUNFT SEHEN UND DAS NEUE SPÜREN – WIR ALLE BRAUCHEN VERTRAUEN IN DIE VERÄNDERUNGEN UNSERES EIGENEN LEBENS

Während meines ganzen Lebens, das so ungewöhnlich reich an Höhen und Tiefen war und ist, habe ich erfahren können, dass es eine Notwendigkeit ist, sich immer wieder zu fragen: »Wer bin ich? Wo will ich hin?« Wir haben ja nicht nur die Aufgabe, zu versuchen das Leben und unsere Welt zu verstehen, nein, wir müssen auch den schwierigen Versuch unternehmen, uns selbst zu verstehen. Man muss sich fragen – und ich habe das selbst immer wieder getan: »Wer bin ich denn geworden?« Natürlich ist man nicht mehr das Kind, der Mann oder die Frau, die traumatische Erfahrungen überlebt haben. Wir alle verändern uns ständig und sind ständig mit Veränderungen konfrontiert. Das kann man einfach so geschehen lassen oder mit Angst abwehren. Aber viel klüger ist es, sich klar darüber zu sein und diese Herausforderung an uns selbst bewusst zu gestalten. Das ist jedenfalls meine Erfahrung.

Für jeden Menschen gibt es immer wieder einen Zeitpunkt in

seinem Leben, in dem man ganz Neues versuchen will. Man weiß noch nicht genau, was das denn sein soll, aber man weiß, was es nicht sein soll. Man weiß zum Beispiel, man will nicht mehr das weiter betreiben, was man zwar lange mit Genugtuung betrieben hat, aber dass einem jetzt etwas fehlt – dass etwas anderes darauf wartet, gelebt zu werden. Man sagt sich zum Beispiel – wie es bei Beate Winkler auch der Fall war: Im Bereich der Menschenrechte habe ich sehr viel erreicht und mich über viele Jahre eingebracht. Europa und die Europäische Union habe ich von innen kennengelernt, begriffen und auch ein wenig mitgestalten können – was schwer genug war. Mein bisheriger Lebensweg ist in gewisser Weise gerundet. Es ist etwas in mir, das nach einer tiefen Veränderung ruft. Das Alte stimmt nicht mehr. Ich habe Sehnsucht nach etwas Neuem, noch Unbestimmtem. Meine Lebenszeit, die vor mir steht, die ja noch jahrelang dauern kann, möchte ich mit einem persönlichen Ziel verbinden. Nicht mehr ein Wirken in internationalen Institutionen anstreben, sondern ein persönliches Anliegen verfolgen. Ein neues Tun und Sagen ruft. Ich will in die Zukunft sehen und das Neue erspüren – das, was mit meinem Wesenskern, meiner Bestimmung zusammenhängt.

Ich glaube daran, dass Menschen eine »Bestimmung« haben, eine Bestimmung, die unabhängig von unseren eigenen Vorstellungen von uns existiert. Wir gestalten das Leben, und das Leben gestaltet uns. Beide widersprüchlichen Aspekte sind immer vorhanden, doch vergessen wir es oft. Viele Menschen fühlen etwas Ähnliches wie das, was Beate empfunden hat, und damit trifft sie eine Befindlichkeit unserer gesellschaftlichen Situation. Wir wissen, die alten Rezepte und Theorien stimmen nicht mehr. Wir müssen offen sein, unsere Gesellschaft zu verändern – aber auch uns selbst zu verändern, uns mit wesentlichen Werten des Lebens stärker in Einklang bringen. Wir brauchen Zeit, uns selbst zuzuhören und uns mit etwas Tieferem zu verbinden. Für eine solche neue Entwicklung in uns selbst brauchen wir aber das Vertrauen in uns selbst, dass es immer wieder im Leben neue und überraschende Veränderungen gibt. Das kann eine neue soziale Aufgabe sein oder eine künstlerische, eine politische oder wirtschaftliche. Ein Schritt, zu dem auch Mut gehört. Mut, den wir alle brauchen, wenn wir vermeintlich sichere Pfade verlassen.

Es ist gut, solche Erfahrungen in einem Buch weiterzugeben, wie ich selbst mit meinem Leben, Wirken und Gedanken auch anderen Menschen Zuversicht vermitteln möchte. Mit meinen kleinen Büchern »Empört Euch« und »Engagiert Euch« hatte ich auch den Wunsch, Mut zu machen. Dies war für viele andere Menschen hilfreich und motivierend in einem Ausmaß, wie ich es selbst nicht erwartet hatte. Wie ich für die Veränderung unserer gesellschaftlichen Situation geworben habe, wirbt Beate in anderer Form und in anderer Weise für eine Auseinandersetzung mit der eigenen Situation. Ich frage mich, ist es nicht auch Zeit, Sichtweisen und Einstellungen zu verändern und sich von altem Gerümpel zu trennen?

Und was wartet denn darauf, von mir noch gelebt zu werden? Das beschreibt Beate in ihrem Buch »Es ist etwas in mir, das nach Veränderung ruft – Der Sehnsucht folgen«. Sie macht damit anderen Menschen, die in einem ähnlichen Lebensmoment stehen, Mut, sich das Leben und sich selbst neu anzusehen – und es zu ändern. Dies kann ich nur unterstützen und bekräftigen. Die Welt hat sich enorm verändert. Es sind Fragen an uns alle: »Was kann ich jetzt dazu tun, um mich mit diesen Veränderungsprozessen positiv auseinanderzusetzen und sie mitzugestalten? Wie können wir uns für neue Entwicklungen einsetzen, wie können wir uns in diesen veränderten Zusammenhängen neu definieren?« Beates Resümee ist klar – und ich stimme ihr zu: Es ist gut, mit diesen Fragen unterwegs zu sein – und sie zu lieben. Auch wenn es gar nicht so leicht ist.

Für unsere eigenen Entwicklungen brauchen wir auch Geduld mit uns und Stille. Unser Leben in unserer komplexen Gesellschaft ist geprägt von viel Stress. Wir alle haben viel zu tun den ganzen Tag von früh bis spät. Dann kommt plötzlich ein Bedürfnis des Anhaltens. Ein Bedürfnis von »Nicht weiter so«, der Wunsch, in einer neuen, von, mit und in mir gerichteten Bewegung das herauszufinden, wofür ich eigentlich bestimmt bin. Vielleicht bin ich für etwas ganz Neues gemeint? Was würde das sein? Wie würde das aussehen? Dazu braucht man erst einmal eine richtige Pause. Meine Erfahrung ist, man sollte nicht nur das aufhören, was man vorher getan hat, sondern etwas Neues erst dann anfangen, wenn man sich Zeit genommen hat, um Pause zu machen. Sich Zeit nehmen, um überlegen zu dürfen, um sich umsehen zu dürfen, ganz still – ganz in sich selbst zu sein und doch auch mit dem Blick auf die Welt und auf die Gesellschaft. Aber mit einem Blick des Erwartens und Wartens und nicht gleich des Tuns. Darin liegen die großen Chancen, zu denen ich Menschen ermutigen möchte. Es ist vor allem ein Vertrauen in uns selbst und das Leben, das uns trägt. Dies will auch Beate mit ihrem Buch »Es ist etwas in mir, das nach Veränderung ruft« uns vermitteln. Ein Buch, dem ich viele Leser wünsche gerade in einer Zeit, in der es um große und kleine, globale und persönliche Veränderungen geht.

Stéphane Hessel, 1917 in Berlin geboren, war französischer Résistance-Kämpfer, Überlebender des KZ Buchenwald, hoher französischer Diplomat, Lyriker und Essayist. Sein besonderes Engagement für die Menschenrechte wurde u.a. in seinem Weltbestseller »Empört Euch« deutlich. Mit diesem Buch, das er 2010 mit 93 Jahren geschrieben hat, wurde er zu einer internationalen Ikone der Jugend und für Menschen, die sich für eine sozialere und humanere Gesellschaft einsetzen. Stéphane Hessel starb am 27. Februar 2013 in Paris.

EINLEITUNG:

KUNST DER VERÄNDERUNG

Diese wunderbaren Worte von Stéphane Hessel sind identisch mit dem, was mir meine innere Stimme vor fünf Jahren flüsterte. Eine Stimme, die immer lauter und vernehmlicher wurde – und der ich gefolgt bin. Es war der flirrende und auch beunruhigende Ruf nach dem Neuen und Unbekannten – es war die Sehnsucht, das zu leben, was noch darauf wartet, von mir gelebt zu werden. Dieser Ruf war der Auslöser für einen tiefgreifenden Veränderungsprozess, durch den ich gegangen bin. Auf den ich mich intensiv eingelassen habe. Trotz aller Angst und Panik, Verunsicherung und Unsicherheit hatte ich Vertrauen, dass das Leben trägt.

Dieser Prozess, seine einzelnen Schritte und was ich dabei gelernt und erfahren habe, ist hier festgehalten. Ergänzt wird er durch kleine Geschichten, die ich während dieser Zeit geschrieben habe und in denen ich Probleme und traumatische Erfahrungen zu Chancen habe werden lassen. Noch wichtiger sind für mich meine Bilder, die während dieses Prozesses und vor allem im Nachklang entstanden sind. Sie haben mir einen neuen Zugang zum Leben und zu meinem Leben geschenkt – und doch wirken sie unabhängig von mir und dem Kontext ihrer Entstehung.

Leben neu betrachten – sich selbst immer wieder neu zu entdecken, zu entwickeln und zu entfalten, mit dieser Herausforderung sind immer mehr Menschen konfrontiert. Besonders klar stellen sich Fragen, wenn vorherige Aufgaben weggefallen sind. »Wer bin ich und wo will ich hin? Will ich mehr vom Gleichen oder etwas leben, was noch darauf wartet, gelebt zu werden? Meine Fähigkeiten mit meinen Wünschen mehr in Einklang bringen?« Mit diesen Fragen bin nicht nur ich in verschiedenen Phasen meines Lebens gewollt oder ungewollt konfrontiert worden, sondern sie beschäftigen immer mehr Menschen in ganz unterschiedlichen Situationen – sei es bei Eintritt in das Rentenalter, Verlust eines Partners, des Arbeitsplatzes oder Suche nach einer neuen Gestaltung des eigenen Lebens – und dies auch im Alter. Das Thema »Älterwerden« bestimmt sich heute auf Grund unseres längeren und aktiveren Lebens neu, doch fehlen im öffentlichen Bewusstsein immer noch positive Vorbilder und Rituale. Die Auseinandersetzung mit Veränderung und Grundthemen unseres Lebens ist auch Folge eines tiefgreifenden Wandels in unserer Gesellschaft. Die Wahrnehmung, nichts scheint mehr sicher zu sein – der eigene berufliche Weg, die Position oder Aufgabe –, ist zum Normalfall geworden. Eine solche Situation ist eine schwierige Herausforderung für immer mehr Menschen, in der aber oft ungenutzte Möglichkeiten liegen.

Diese Chancen bewusst wahrzunehmen, dazu will ich mit diesem Buch Mut machen. Ich lade ein, sich mit dem Thema »Veränderung« aus unterschiedlicher Perspektive auseinanderzusetzen. Es beginnt mit einer Beschreibung, wo ich heute bin und woher ich komme, vermittelt dann sehr summarisch den gesellschaftlichen Kontext meiner Situation, schafft Parallelen zu Veränderungssituationen generell in unserem Leben und weist auf Ressourcen hin. Von diesen Beschreibungen herkommend wird das Buch immer persönlicher: Menschen, die in der Öffentlichkeit stehen und sich selbst immer wieder neu entdeckt und entwickelt haben, vermitteln Wissen und Erfahrungen im Umgang mit ihren Veränderungsprozessen. Mich selbst hat der Austausch mit Menschen, die solche Prozesse bewusst erlebt haben, sehr unterstützt. Wie der mit Stéphane Hessel, mit dem ich über viele Jahre durch das Engagement im Menschenrechtsbereich verbunden war – und über seinen Tod hinaus verbunden bleibe. Wie er habe auch ich die Erfahrung gemacht, dass Gedichte inspirierende Unterstützer bei Veränderungsprozessen sein können. Daher sind einige von ihnen in diesem Buch zu finden. Und dann wird es noch persönlicher: Ich beschreibe mit Fakten und Gefühlen meinen eigenen Prozess. Bilder und Geschichten, die unterschiedliche Perspektiven zeigen, begleiten ihn. Am Ende des Buches vermittle ich Erfahrungen und Anregungen aus unterschiedlichen Wissensgebieten, die hilfreich sein könnten. Diese Anregungen sind entstanden aus Lesen, Austausch und eigenen Erkenntnissen. Manche Gedanken – wie zum Beispiel die aus dem Change-Management – wurden übernommen ohne Bewertung oder größere Auseinandersetzung. Es ist bewusst kein wissenschaftliches Buch, daher ohne Fußnoten und größere Verweise.

Dieses Buch hat sich über fünf Jahre hinweg langsam entwickelt – ich habe es wachsen lassen. Entstanden ist ein sehr persönliches Buch, das über sich hinausweisen will – das Gefühle zeigt und Anregungen gibt, Interviews beinhaltet und Wissenschaft einfließen lässt, Gedichte zitiert und Bildern Raum lässt. Manchmal beschreibt es summarisch gesellschaftliche Prozesse und dann wieder seelische Abläufe. Ein Buch, das ich mit unterschiedlichen »Brillen« geschrieben habe: Perspektiven von innen und außen, aus sich heraus geschrieben und unterschiedliche Aspekte beschreibend. Facettenreich wie die »Kunst der Veränderung«. So ist es bunt und widersprüchlich wie mein eigenes Leben – wie das Leben selbst. Ein Lebensbuch.

VÖGEL ZIEHEN WEITE BÖGEN AM HIMMEL

Vögel ziehen weite Bögen am Himmel
aus ihrer Freiheit heraus.
Wie lernen sie das?
Sie lassen sich fallen,
und in dem Fallen
werden ihnen Flügel geschenkt.

RUMI

MEINE SITUATION

MIT FRAGEN UNTERWEGS

Haben wir eine Chance, uns selbst immer wieder neu zu entdecken, zu entfalten und zu entwickeln – auch wenn wir älter sind? Machen wir Pause im hektischen Getriebe unserer Zeit und lauschen den leisen Tönen unserer inneren Stimme? Eine Stimme, die uns vielleicht sagt, dass wir noch etwas ganz anderes leben wollen? Etwas, das mit unseren Bedürfnissen und Gefühlen mehr im Einklang ist als das, was jetzt unser Leben bestimmt? Haben wir Vertrauen, uns in eine Suchbewegung nach dem »Noch-etwas-ganz-anderes-leben-Wollen« einzulassen?

Mit diesen Fragen begann ich mich vor fünf Jahren intensiv auseinanderzusetzen. Beantwortet habe ich sie nicht selbst allein, sondern auch das Leben gab die Antwort. Es hat mich neue Lebenswelten entdecken lassen, die gleichzeitig alt und vertraut waren. Mein Unterwegssein hat mich zu Orten geführt, die mir eine neue Form der Balance zwischen Außen- und Innenwelt geschenkt haben. Und einen neuen Zugang zu mir selbst und zu anderen Menschen. Dies hat mich nicht nur um Wirkungs- und Wahrnehmungsmöglichkeiten reicher gemacht, sondern in mir ein anderes Selbstbewusstsein und Vertrauen, eine andere Zuversicht und Offenheit entstehen lassen. Entstanden nach Zeiten von tiefer Verunsicherung, Angst und auch Panik, durch die ich gegangen bin. Zeiten, in denen ich erfuhr, welche Bedeutung »Schatten« in meinem Leben haben. Und welche überraschenden Perspektiven und neue Entwicklungen mir mein Leben schenkt – doch darüber wird später zu berichten sein. So staune ich, dass ich mich von einer gejagten – und sich selbst jagenden – Menschenrechtspolitikerin zu einer Malerin entwickelt habe. Staune, dass öffentliche Anerkennung und Resonanz auf mein bisheriges Tun mich nicht dazu verleitet haben, »mehr vom Gleichen« zu wollen, mich also nicht von meiner Reise ins Unbekannte abgehalten haben. Ich hätte meine eingetretenen erfolgreichen Pfade munter weiterbegehen können, was zweifellos seinen narzisstischen Reiz gehabt hätte. Ermunterung dazu hatte ich genug. So hieß es in einem Dokument eines UN-Berichterstatters zur Generalversammlung 2007, dass die EU-Agentur, die ich damals leitete, bemerkenswert geführt wurde. »Das ist doch etwas«, sagte der kleine Pfau in mir und schwellte stolz seine Brust, ergriffen von der eigenen Bedeutung. Aber das war vor sechs Jahren. Wo bin ich heute?

WO ICH HEUTE BIN: MEINE BILDER VERÄNDERN MICH

Malerei ist zum Mittelpunkt meines Lebens geworden und hat mich neue Kontinente entdecken lassen. Es gibt nichts, bei dem ich so im Einklang mit mir selbst bin, Zeit und Raum vergesse, alles fließen lasse, wie während meines Gesprächs mit meiner Leinwand und meinen Farben. Die Leere der Fläche und die unendlichen Möglichkeiten an Farbnuancen geben mir Raum, mich zu versenken. Versenken nicht nur in den kreativen Akt des Malens, sondern auch in Lebensthemen, die ich mit meinen Farben berühre: die unerfüllbare Sehnsucht »anzukommen«, »Ja« zu mir selbst und zu meinem Leben zu sagen, meine Lust am Leben zu spüren, aber auch Gefühle von Einsamkeit und Angst, Verlassenheit und Verlorenheit zu berühren. Es sind Fragen, zu denen meine Bilder mir Anregungen geben. Fragen, die mich zu neuen Fragen führen.

Dieser Entstehungsprozess meiner Bilder hatte sich einige Jahre zuvor entwickelt, als ich mich mit Malerei intensiv auseinandersetzte. Ich suchte auch nach Möglichkeiten, ein Gegengewicht zu meiner kopf- und rollengesteuerten Welt zu entwickeln. Meine Offenheit machte mir ein überraschendes Geschenk: meine Bilder gaben mir erstaunliche Antworten. So malte ich kurz vor Ablauf meines Vertrages mit der Agentur im Jahr 2006 den Zyklus »Wo will ich hin?«. Beim Malen fragte ich mich auch, was ich in meinem beruflichen Leben noch bewirken wolle. Im Dialog zwischen meiner Leinwand und meiner inneren Wahrnehmung, dem Einbeziehen von malerischen Prozessen, die ich nur begrenzt steuern konnte, der Tiefe und Leichtigkeit von Bewegungen, gewann ich größere Klarheit zu meiner Lebensfrage. Es war und ist die Poesie, zu der es mich hinzog, die mir einen anderen Zugang zu meinem Leben und zur Sinnlichkeit schenkte. Dieser Sehnsucht nach dem Leichten und Spielerischen konnte ich mich aber in meiner Rolle als Direktorin nicht nähern. Das Ergebnis lag auf der Hand: Ich bewarb mich nicht noch einmal auf diese Position.

Die Malerei schenkt mir eine Öffnung in tiefere, manchmal kaum fassbare Dimensionen und einen anderen Zugang zu meinem Leben. Dass dieser neue Freiraum mir dann noch eine unerwartete Resonanz schenkt, freut mich von Kopf bis Fuß. Mein Gemüt ist nun einmal jederzeit bereit, Huldigungen in unbeschränkter Form entgegenzunehmen – trotz allen Wissens, dass das Gefühl der persönlichen Erfüllung von Anerkennung durch andere unabhängig ist. So leuchteten meine Augen und glühten meine Ohren, als ich bei der Eröffnung meiner ersten Ausstellung die Worte des Museumsdirektors hörte: »Sie schafft es, eine Balance zu finden, in der unsere unterschiedlichen Erfahrungen aufgehoben sind. Ihre Bilder bergen in sich, was wir uns von der Kunst erwünschen: Die Sehnsucht nach einem Weg in das Freie, ins Unendliche.« Die Sehnsucht nach »etwas anderem« war der Preis, den ich für faszinierende und erfüllende, aber auch sehr schwierige und belastende Aufgaben gezahlt hatte. Es waren Aufgaben im internationalen Menschenrechtsbereich, die vor fünf Jahren von einem Tag zum anderen weggefallen waren. Ich beschreibe sie, um das Ausmaß meines Veränderungsprozesses zu vermitteln. Skizzenhaft umreiße ich sie aber auch, weil ich durch sie Fähigkeiten entwickeln konnte, die mich später bei meinem eigenen Veränderungsprozess unterstützt haben: mit Konflikten und Widerständen kreativ umzugehen, Widersprüche zu leben, Krisen in Chancen umzuformen, Perspektiven zu wechseln und tragfähige soziale Beziehungen – Netzwerke – aufzubauen.

WOHER ICH KOMME: SISYPHOS WAR DABEI

Herausfordernde berufliche Jahre lagen hinter mir. Ich hatte als erste Frau in der Geschichte der EU eine unabhängige Agentur aufgebaut und sie neun Jahre über alle Stürme und Krisen hinweg geleitet – die frühere Europäische Beobachtungsstelle von Rassismus und jetzige EU-Grundrechtsagentur. Dies hieß Aufbau der Organisation von null an. Die Agentur beschäftigte sich zudem mit einer der komplexesten und umstrittensten Fragen unserer Zeit: dem Umgang mit kultureller, ethnischer und religiöser Vielfalt, Fremdenfeindlichkeit und Rassismus in den damals 15 und jetzt 28 EU-Mitgliedstaaten. Unsere Aufgabe war es vor allem, Daten zur Situation von Rassismus und Fremdenfeindlichkeit in allen EU-

Mitgliedstaaten zu sammeln und zu analysieren, Strategien zu entwickeln und unterschiedliche Netzwerke zur Information und Zusammenarbeit zu betreiben. Die gewonnenen Erkenntnisse stellten wir Politik, Gesellschaft und Medien vor allem in Veröffentlichungen, Konferenzen und Runden Tischen zur Verfügung.

EU-DIREKTORIN: IM ZENTRUM VON KONFLIKTEN

Die Arbeit in der Agentur schenkte mir eine Intensivausbildung im Umgang mit Komplexität, Widersprüchlichkeit und Konflikten. Gut zu gebrauchen in Krisensituationen. Neben allen positiven und faszinierenden Herausforderungen befand ich mich fast ständig auch in internen Konfliktsituationen: Es gab eine Fülle von tiefgreifenden Spannungen, die typisch für internationale Einrichtungen sind. Im Wesentlichen hatten sie ihren Grund in vielen interkulturellen Missverständnissen. Was für einen Griechen eine Beleidigung war, konnte für einen Briten normales Verhalten sein. Besprechbar waren diese Probleme jedoch kaum, weil fast jeder sich für so weltoffen hielt, dass das Interkulturelle eigentlich keine Rolle spielen durfte. »Wir sind doch so international, damit können wir doch keine Probleme haben«, bekam ich oft zu hören, wenn ich dieses Thema ansprechen wollte.

Verunsicherung gab es auch auf anderem Terrain. Beim Thema »Islam« bewegten wir uns im Minenfeld politischer und gesellschaftlicher Kontroversen innerhalb der EU-Mitgliedstaaten und gleichzeitig im Spannungsfeld zu den muslimischen Staaten. Wenn es um das Thema »Antisemitismus« ging, verhielt es sich ähnlich. Nur befanden wir uns dieses Mal im Konfliktbereich USA, Israel und Europäische Union. Jeder Bericht, den wir veröffentlichten, hatte daher das Potenzial eines kleinen Sprengsatzes – nicht gerade eine geeignete Pille für entspannten Schlaf. Vieles habe ich dabei gelernt, was ich lernen wollte: interkulturelle Kompetenz und Umgang mit Komplexität, Management und internationale Zusammenarbeit. Manches habe ich auch gelernt, was ich nicht lernen wollte: den Umgang mit Intrigen und Gerüchten, gnadenloser Konkurrenz und Freigegeben-Sein zum öffentlichen Abschuss und einiges mehr. Doch bei allen negativen Aspekten überwog immer die positive Motivation: In der »Werkstatt Europa« mitwirken zu können, in der gerade der Umgang mit Vielfalt und Widersprüchlichkeit das Faszinierende ist. Erlebt habe ich es besonders in der Zusammenarbeit mit internationalen Teams, die sich gerade durch ihre Unterschiedlichkeit ergänzen und letztendlich doch gut funktionieren – über alle kulturellen Konflikte hinweg. Meine tägliche Erfahrung war, dass Europa ein nicht vollendeter Prozess und stets im Wandel ist. In der Agentur spiegelte sich Europa wie in einer kleinen »Nussschale« wider und wollte von unserem Team ständig neu gefunden werden. Diese Erfahrungen brachte ich in den Think Tank des Präsidenten der Europäischen Kommission ein. Für die Zeit danach hatte ich Zusagen für eine Professur in Brügge und ein Buchprojekt. Unverdrossen wollte ich weitermachen. Doch es kam ganz anders. Unerwartete Widerstände tauchten auf. Widerstände, mit denen ich eigentlich gelernt hatte umzugehen, indem ich sie meist ignorierte oder umformte.

WIDERSTÄNDE: PROBLEME ZU CHANCEN UMFORMEN

Gegen starke Widerstände zu arbeiten, um Veränderungen zu erreichen, war bereits über viele Jahre hinweg Bestandteil meines beruflichen Alltags. Vierzehn Jahre lang hatte ich mich mit den Themen Migration und Integration intensiv auseinandergesetzt, bevor ich die EU-Agentur aufbaute. Ein gesellschaftliches Spannungsfeld, in dem ich lernte, mich zwischen alle Stühle zu setzen. Für die einen ging ich zu weit, für die anderen nicht weit genug. Dass dies die beste Position ist, hatte ich von der damaligen Ausländerbeauftragten der deutschen Bundesregierung, Liselotte Funcke, erfahren, deren engste Mitarbeiterin ich war. So war ich es gewohnt, Probleme in Chancen umzuformen, Abwehrhaltungen aufzugreifen und ständig Perspektiven zu wechseln. Ich war also gut trainiert im »langen Atem«, den wir für Veränderungen brauchen. Unverdrossen die Welt mit meinen Aktivitäten zu beglücken, schien mir Sinn und Zweck meines ehrgeizigen Tuns. Um Widerstände scherte ich mich wenig. Äußerungen wie die des damaligen Chefs des Bundespresseamtes, der das Thema »Integration« wohl durch Tabuisierung lösen wollte: »Frau Winkler, Sie müssen doch langsam begreifen, dass Ihr gesellschaftspolitisches Tun politisch nicht gewollt ist«, stachelten mich unverdrossen zum Weitermachen an. Unmögliche Aufgaben erfüllen zu wollen, war mein Antriebsmotor. Daher war ich gut gerüstet, später eine Agentur der EU aufzubauen, die keiner so recht wollte. Verständlich, denn wer hat schon gern mit Fremdenfeindlichkeit und Antisemitismus zu tun?

Dreißig Jahre bewegte ich mich in der politischen Kampfarena, und letztendlich war ich damit erfolgreich als eine Art »Sisyphos«, den man sich bekanntlich auch als glücklichen Menschen vorstellen sollte. Mich aus dieser Situation heraus zur Malerin zu entfalten und insgesamt neu zu entdecken, war ein tiefgreifender Veränderungsprozess. Ein Prozess, der in einer gesellschaftlichen Situation einsetzte, die selbst durch Umbrüche und Herausforderungen nach tiefgreifender Veränderung gekennzeichnet war und nach wie vor ist. Da ich mich nicht in einem »luftleeren Raum« bewegte, sondern Teil der Gesellschaft war und bin, die Einfluss auf meine Situation hat, umreiße ich kurz, wie ich diese Situation empfunden habe und noch empfinde, und welche Aspekte auch für Veränderungsprozesse eine Rolle spielen.

IN DIESER ZEIT

Wir haben keine andre Zeit als diese,
Die uns betrügt mit halbgefüllter Schale.
Wir müssen trinken, denn zum zweiten Male
Füllt sie sich nicht. – Vor unserm Paradiese

Droht schon das Schwert, für das wir auserlesen,
Verlorner Söhne landvertriebene Erben.
Wir wurden alt, bevor wir jung gewesen,
Und unser Leben ist ein Nochnichtsterben.

Wir kamen einst mit Kindes Gläubigkeit
In ein vom Sturm verwüstetes Jahrhundert.
Einst hofften wir. Nun schweigt's in uns verwundert.
Ihr aber könnt nur helfen dem, der schreit.

Verstohlen träumen wir von Wald und Wiese
Und dem uns zugeworfnen Brocken Glück …
Kein Morgen bringt das Heute uns zurück,
Wir haben keine andere Zeit als diese.

MASCHA KALÉKO

ZEIT, UNS ZU VERÄNDERN

GESELLSCHAFTLICHE HERAUS-FORDERUNGEN

Entwicklungen der letzten Jahre, die unmittelbar meinen beruflichen Bereich betreffen, lassen mich folgendes kurzes Resümee ziehen: Unsere Gesellschaften befinden sich in tiefgreifenden Veränderungsprozessen, die grundlegende Strukturen und existenzielle Bereiche berühren. Es sind nicht nur die Finanz- und Wirtschaftskrise, die mich und viele andere seit einigen Jahren in Atem halten, sondern auch wachsende Arbeitslosigkeit und die soziale Schere, Bedrohung von Ressourcen wie Klima und Nahrung, demographischer Wandel und Einwanderung – um nur einige Bespiele zu nennen. Dies trifft auf Entwicklungen, die seit langem in unserer Gesellschaft stattgefunden haben und mich auf Grund ihrer Folgen für das Zusammenleben mit Minderheiten stark beschäftigt haben: Globalisierung und immer stärker werdende Beschleunigung, Verlust von sozialer Sicherheit und Vereinsamung, Rückgang materiellen Wohlstands und Armut. Das Gefühl, die Situation nicht mehr bewältigen zu können, hat um sich gegriffen. So erlebe ich nicht nur eine Wirtschafts- und Finanzkrise, sondern bin mit existentiellen Fragestellungen in ganz unterschiedlichen Lebensbereichen konfrontiert. Es sind Fragen an mein eigenes und unser aller Leben: die Fragwürdigkeit von unbegrenztem Wachstumsdenken, die Ökonomisierung von Denken und Handeln oder die Nachhaltigkeit eigenen Tuns, um nur einige Beispiele zu nennen. Es sind Fragen nach den Werten unserer Gesellschaft, der so beherrschenden Leistungsorientierung unseres Lebens und der vielfachen Abspaltung von Gefühlen und Bedürfnissen. Der Verlust an Empathie. In einer solchen Situation ist nicht nur die Politik gefragt, sondern wir selbst sind betroffen als Mitglieder der Gesellschaft. So bin auch ich gefragt und muss mich fragen lassen: Was sind meine Vorstellungen von der Zukunft? Welche Ziele und Wertorientierungen sollte ich überdenken – oder auch erneut bejahen? Brauchen wir ein anderes Bewusstsein und eine veränderte Haltung? Was kann ich selbst tun, um den Anforderungen unserer Zeit gerechter zu werden?

Diese Fragen wurden und werden von immer mehr Menschen aufgegriffen, wie zum Beispiel von Stéphane Hessel und Peter Sloterdijk oder von Initiativen wie dem Generationen-Manifest, der Occupy-Bewegung und Jugendlichen in Madrid und anderswo. Sie fordern Veränderung, besorgt um die Zukunftschancen für die Jugend und den Zustand unserer Demokratie. Doch ihre Fragen bleiben vielfach ohne Antwort. Unbeantwortet von Politik und Gesellschaft, von mir selbst und vielen anderen. Wenn ich die Krisen unserer Zeit betrachte – ob es sich um die Finanzkrise, den Klimawandel oder die Situation der Jugend handelt –, haben sie eines gemeinsam: Schocks, tiefgreifende Fehlentwicklungen und Schreckensvisionen bleiben oft folgenlos. Dies erschreckt mich – auch was mein eigenes »Nichtstun« anbelangt. Selten zuvor waren Veränderungen in unserer Gesellschaft so dringlich – und wohl noch nie gab es solche Widerstände gegen sie –, mit allem Wegschauen und Nicht-wahrhaben-Wollen. Nicht nur in der Politik bemerke ich sie, sondern auch in den sogenannten »weiten Teilen der Bevölkerung«, zu denen ich oft gehöre.

Eine nicht zu verändernde Tatsache – oder vielleicht doch? »Woran liegt es, dass Veränderungen im gesellschaftlichen Bereich so schwerfällig gelingen?«, frage ich mich. Am Mangel an Bereitschaft zur Veränderung? An einer fortschreitenden Entwicklung zu Ich-AGs und immer weniger sozialem Engagement? An zu wenig Gewicht auf die Realisierung von Vorschlägen – zu viel Diskussion und zu wenig Tun? Diese Phänomene sind es nicht allein. Nach meinen Erfahrungen in der Politik spielen – neben zu geringer Beteiligung von Bürgerinnen und Bürgern – vor allem zwei Aspekte eine Rolle, dass notwendige Veränderungen so zaghaft in Angriff genommen werden: der Mangel an Zukunftsbildern und unsere Abwehrhaltungen.

ÜBERZEUGENDE ZUKUNFTSBILDER ENTWICKELN

Uns mangelt es an Zukunftsbildern, wohin wir uns als Gesellschaft entwickeln, was und wie wir in Zukunft leben wollen. Veränderungen gelingen in der Regel aber nur, wenn es Zukunftsbilder gibt, die attraktiver sind als die Abwehr, die mit jeder Veränderung einhergeht. An diesen positiven, überzeugenden Visionen fehlt es sowohl in vielen Staaten der Europäischen Union als auch in Europa selbst. Auch werden sie nicht sinnlich vermittelt, gehen oft an den Gefühlen und Bedürfnissen der Menschen vorbei. Oder die Zukunftsbilder kommen ohne Beteiligung der Bürger und Bürgerinnen zustande – es fehlt ein breiter öffentlicher Diskurs. Auch gibt es in der Öffentlichkeit zu wenig konkrete Vorstellungen, wie wir zum Beispiel in Zukunft die Chancen einer kulturell vielfältigen, immer älter werdenden Gesellschaft besser nutzen können und gleichzeitig die Probleme, die damit einhergehen, lösen werden. In der Regel sind es Negativdebatten und keine Diskussionen, die sich auf die Potenziale von Betroffenen und Beteiligten konzentrieren. Die Zukunftsbilder, die wir brauchen, um positive und notwendige Veränderungen anzugehen, fehlen nicht nur für unsere gesellschaftlichen Entwicklungen, sondern oft auch für uns selbst. In unserem gestressten Leben setzen wir uns nur beiläufig mit Fragen auseinander wie: »Wie würde mein Leben in fünf Jahren in dieser Gesellschaft aussehen, wenn ich das Gefühl habe und sagen kann: Ich lebe ein erfülltes Leben?«

BESTEHENDE ABWEHRHALTUNGEN AUFGREIFEN

Und damit sind wir bei dem zweiten Aspekt, der notwendige Veränderungen meiner Erfahrung nach blockiert: Abwehrhaltungen und vielfach vorhandene Ängste werden zu wenig berücksichtigt. Vielen von uns – auch mir – fällt es schwer, sich mit Unsicherheit oder Angst auseinanderzusetzen. Wir nehmen sie oft nicht wahr oder verdrängen sie. Dies spiegelt sich bei der Lösung von gesellschaftlichen Herausforderungen wider. Wir vergessen oft, dass jedes Problem zumindest zwei Dimensionen hat: eine faktische und eine emotionale. Unsere gesellschaftlichen Diskussionen sind aber einseitig auf Daten und Fakten, auf rationale Argumente und Beweise ausgerichtet. Der emotionale Bereich hingegen spielt kaum eine Rolle, wird oft tabuisiert oder in die Welt der persönlichen Therapie verdrängt. Vergessen wird dabei, dass die Vorstellungen von den Tatsachen entscheidender sind als die Tatsachen selbst. Achtzig Prozent unserer Entscheidungen werden aus dem Gefühl heraus getroffen und nachträglich mit Argumenten gerechtfertigt – so die Ergebnisse von wissenschaftlichen Untersuchungen.

Folglich werden emotionale Aspekte bei der Entwicklung von gesellschaftlichen Konzeptionen und Strategien zu wenig berücksichtigt. Dies konnte ich in vielen politischen Bereichen und in besonderem Maße bei meinem eigenen beruflichen Thema beobachten: »Einwanderung und Zusammenleben mit kulturellen, ethnischen und religiösen Minderheiten«. Gerade dieser gesellschaftliche und politische Bereich ist wie kaum ein anderer von Gefühlen geprägt. Fremdenangst wird nach meiner Erfahrung bei der Entwicklung von Konzepten und Projekten von Politik und Gesellschaft zu wenig aufgegriffen. Wie man die vielfach vorhandenen negativen Einstellungen und Abwehrhaltungen verändern kann, davon finde ich kaum etwas in den unzähligen Integrationsberichten. Somit werden Ängste und Abwehrhaltungen nach wie vor oft Populisten überlassen, die daraus ihr eigenes lukratives Süppchen kochen – sei es mit Reden oder in Büchern, sei es in extremistischen Organisationen oder im Internet. Positive Entwicklungen, die Ängste abbauen könnten, wie die Tatsache, dass das Zusammenleben in vielen Bereichen nachweislich gut funktioniert, sind dagegen meist nur in eingeweihten Kreisen bekannt. Oder bleiben unbekannt, weil in unserer Mediengesellschaft nun einmal »good news« zu »bad news« geworden sind. So blockieren unsere vorhandenen, unaufgegriffenen Ängste und Abwehrhaltungen in vielen gesellschaftlichen Bereichen auch die Lösung der faktischen Probleme, selbst dann, wenn eine prinzipielle Einsicht in die Notwendigkeit von Veränderung vorhanden ist. Ich erkenne das an dem häufig zu hörenden »Ja, aber …«. Mit negativen Einstellungen und Abwehrhaltungen lassen sich keine positiven Lösungen finden. Weder für die Gesellschaft noch für den Einzelnen.

Meine Konsequenz liegt auf der Hand: In viel stärkerem Maß positive Zukunftsbilder zu entwickeln und Emotionen zu berücksichtigen, wenn es um gesellschaftliche Veränderungsprozesse geht, die uns betreffen oder bei denen wir mitwirken. Es sind Veränderungsprozesse, bei denen wir als Mitglieder der Gesellschaft gefragt sind, die aber auch unsere berufliche oder private Existenz, unsere eigene Lebenssituation berühren.

GRÜNDLICHE EINSICHT

Ein Mensch sah jedesmal noch klar:
Nichts ist geblieben so, wie's war.
Woraus er ziemlich leicht ermißt:
Es bleibt auch nichts so, wie's grad ist.
Ja, heut schon denkt er, unbeirrt:
Nichts wird so bleiben, wie's sein wird.

EUGEN ROTH

ZEIT, SICH ZU ÄNDERN

PERSÖNLICHE VERÄNDERUNGS-SITUATIONEN

Bei meiner Auseinandersetzung mit dem Thema »Veränderung« bin ich nicht allein. Jeder von uns ist in seinem beruflichen und privaten Leben ständig mit Veränderung konfrontiert. Sicherlich aus verschiedenartigem Anlass und mit unterschiedlichem Ausmaß. Leben heißt Veränderung und ist eine Gegebenheit des Lebens. Das Wort kann Tore und Türen öffnen: Entdecken, Entfalten, Entwickeln, die Sehnsucht nach dem Neuen, dem Ungeahnten, dem noch nicht Erfahrenen. Neugier und Lebenslust tauchen auf: Staunen über unerwartete Begegnungen und Entwicklungen oder berufliche Möglichkeiten, Dankbarkeit über unverhoffte Chancen oder über erste Frühlingsstrahlen nach einem Winter, in dem sich meine Zehen und Finger vor Kälte zusammenzogen. Das Wort »Veränderung« kann weiten und befreien. Dies ist bei einigen Menschen der Fall – in der Regel sind sie aber die Ausnahme.

Warum geht »Veränderung« mit Abwehr oft einher? Welche Kräfte blockieren? Was hält uns davon ab, lieber in unbefriedigenden Verhältnissen auszuharren, anstatt das Glück, das an uns vorbeihuscht, zu ergreifen? Im goldenen Käfig zu bleiben und an unseren eigentlichen Bedürfnissen vorbeizuleben?

EIN WORT, DAS ÄNGSTE WECKT UND CHANCE IST: VERÄNDERUNG

Überwiegend ist das Wort »Veränderung« mit Angst verbunden. Das ist meine Beobachtung, bei mir selbst und bei anderen. Damit wird es eng. Diese Ängste sind mit ganz unterschiedlichen Situationen verbunden: Angst, den Arbeitsplatz oder Status zu verlieren; Angst, nicht mehr mitzukommen in unserer sich ständig beschleunigenden Gesellschaft; Angst, krank zu werden; Angst, die Attraktivität oder Jugendlichkeit zu verlieren; Angst, nicht dazuzugehören. »Veränderung« steht mit unserem Grundbedürfnis nach Sicherheit in Konflikt. Nach der »Maslowschen Bedürfnispyramide« hat das Streben nach Sicherheit in unserem Leben die höchste Priorität nach der Erfüllung unserer körperlichen Bedürfnisse. Daher ist es nur folgerichtig, dass viele von uns sich mit dem Thema »Veränderung« in der Regel nur dann auseinandersetzen, wenn wir auf Grund äußerlicher Ereignisse dazu gezwungen sind. Und auch dann erst nach Verdrängung oder Abwehr, durch Bagatellisieren oder Kopf-in-den-Sand-Stecken. Meist sind es beruflich belastende oder auch bedrohliche Situationen, die uns dazu veranlassen, über die Notwendigkeit eigener Veränderungen nachzudenken und sie in Angriff zu nehmen: Burnout, Outplacement, Verlust oder Veränderungen des Arbeitsplatzes, unerträgliche Arbeitsbedingungen, Eintritt in das Rentenalter, Midlife Crisis, überproportionaler Stress oder die tiefe, unklare Sehnsucht nach etwas ganz anderem, wie es bei mir der Fall war. Es können auch private Schicksalsschläge wie Trennungen, Scheidungen oder der Tod von Menschen sein, die wir lieben oder geliebt haben. Manchmal sind es Krankheiten wie Depressionen oder Krebs, die uns mit der Frage nach unserem eigenen Leben und der Notwendigkeit von Veränderungen, unseren Werten und Prioritäten, dem Sinn unseres Lebens und der Endlichkeit von uns selbst konfrontieren.

Aber das Gegenteil kann auch der Fall sein: zum Beispiel die Liebe, die mich zu neuen Ufern führt – und manchmal auch wieder zurück in alte Gefilde. Oder einfach die Freude am »lebenslangen Lernen«, die Veränderungen zur Lust werden lassen. Es waren und sind Ereignisse, mit denen ich im Laufe meines eigenen Lebens immer wieder und in ganz unterschiedlicher Weise konfrontiert war – und nach wie vor bin. In der Regel handelte es sich aber um Geschehnisse, die ich vermeiden wollte. All dies erzeugte Druck. Druck auf mir und in mir.

Der Druck äußerer Ereignisse bewirkte inneren Druck und das Bedürfnis zur Selbsterneuerung. Ohne diesen äußeren Druck geschieht wohl nicht nur bei mir keine Veränderung. Wir scheuen uns davor, uns mit Lebensfragen auseinanderzusetzen, die an den Kern unserer Existenz rühren wie: »Was wartet noch darauf, gelebt zu werden? Wer bin ich und will ich sein – fernab aller Funktionen und Positionen?« Im Durchleben dieser Fragestellungen ist mir klar geworden, dass eine solche Auseinandersetzung Mut und Klarheit von mir erfordert. Mut und Klarheit, um Gefühle und Bedürfnisse wahrzunehmen, die von mir oft zurückgedrängt und als störend empfunden wurden. Doch sind es gerade diese Gefühle, die Wegweiser für neue Lösungen sein können. Es ist die Wut, die mich auf Verletzungen und Bedürfnisse aufmerksam macht, der Neid, der mich erkennen lässt, was ich eigentlich noch leben möchte, oder die Angst, die mir zeigt, wie sehr es mir an Vertrauen in das Leben mangelt. Es sind die »Schatten« meiner Empfindungen, die mich zu ungeahnten Wahrnehmungen führen können – und angenommen werden wollen.

VERÄNDERUNG: SUCHBEWEGUNG MIT ZAHLREICHEN FRAGEN UND VIELSCHICHTIGEN ANTWORTEN

Doch dieses ist es nicht allein: Lösen äußere Ereignisse und Verunsicherung eine Suche nach neuer Orientierung aus, so wird meine Suchbewegung durch die Sehnsucht nach dem Glück verstärkt. Verstärkt auch dadurch, dass die Suche nach dem Glück mich immer mehr an eine gesellschaftliche Zwangsverordnung erinnert, die ich zu erfüllen habe – zumindest unbewusst. Ich möchte nicht nur glücklich sein, sondern ich »habe« glücklich zu sein. Jedenfalls liegt die Verantwortung bei mir, wenn dem nicht so ist. Gebrauchsanweisungen scheint es genug zu geben von Menschen, die erfolgreich sind. Zahllose Bücher und Seminare, begleitet von Ergebnissen der Glücksforschung, warten darauf, als Helfer auf meinem Weg zu Veränderung und Selbstoptimierung wahrgenommen zu werden – das Glück endlich zu finden. Aber vielleicht renne ich in die falsche Richtung? Laufe dem Glück hinterher und sehe nicht, dass es hinter mir liegt oder an meiner Seite ist? Und geht es überhaupt um Glück oder um etwas ganz anderes? Ist die Sehnsucht in mir vielleicht unerfüllbar, gehört ganz einfach zu meinem Leben? Verbindet mich mit etwas »Nicht-Fassbarem«?

Auch hier hält ein vielfältiger Markt Antworten zu Fragen meiner eigenen Veränderung bereit – jedenfalls, was die Fülle an Angeboten betrifft: »Kann ich mein Leben ändern?« »Lust auf Veränderung«, »Mut – Klarheit für mein Leben«, »Wer bist Du?« und »Wie Gegenwind uns weiterbringt« sind nur wenige Beispiele von Schlagzeilen in Magazinen, die Information und Inspiration für den eiligen Leser oder die eilige Leserin in Bahnhofsbuchhandlungen versprechen. Ich selbst greife zu – vielleicht gibt es doch den einen oder anderen goldenen Rat? Folgerichtig ist dieses Thema in vielen Bücherregalen und Annoncen zu finden: unter Esoterik, Psychologie und Wirtschaft, individueller Beratung oder Coaching für fast alle Lebenslagen. »Halteseile« auf meinem Weg zur Veränderung.

Neben allen hilfreichen und weniger hilfreichen Angeboten des Marktes und Anregungen aus Psychologie und Psychotherapie, spirituellem Wissen und anthropologischen Erfahrungen, systemischen Kenntnissen und gruppendynamischen Übungen, die mich in Veränderungssituationen besonders interessierten, fand ich bei meinen Suchbewegungen unerwartete Orientierungshilfen in meinem eigenen beruflichen Bereich. In Situationen, die mich nach Veränderungen in meinem eigenen Leben fragen ließen, entdeckte ich, wie hilfreich mein Wissen über Change-Management und Resilienzforschung für mich selbst war und ist. Beides sind Gebiete, die mir während meiner Agenturzeit vertraut geworden waren. Das Wissen um Change-Management vermittelte nicht nur Möglichkeiten einer Einschätzung von Veränderungssituationen, sondern auch eine Übersicht über den Ablauf von Veränderungsprozessen. Und Erkenntnisse der Forschung über »Resilienz« – seelische Widerstandskraft in Krisensituationen – bestärkten mich in meinem Mut zu Veränderung und bei meiner Entscheidung, mich auf solche Prozesse einzulassen. Ich wusste, meine Veränderungssituation kann positiv beeinflusst und gestaltet werden, wenn ich auf eigene Ressourcen zurückgreifen kann wie z.B. meine soziale Kompetenz, meine Lösungs-Kompetenz, meine Fähigkeit zur Stressbewältigung und Selbststeuerung. Mehr über Resilienzforschung und Change-Management – sowie generell über Wissen, das ich in eigenen Veränderungsprozessen nutzte, ist in späteren Kapiteln zu finden. Wie unterstützend diese Ressourcen tatsächlich sind und sein können, erlebte ich aber erst in eigenen Krisensituationen und in den Veränderungsprozessen selbst – bei meinen Expeditionen in unbekannte Gebiete.

KOPERNIKANISCHE CHARAKTERE GESUCHT

Wenn der Mensch aufrichtig bedächte:
dass sich die Erde atemlos dreht;
dass er die Tage, dass er die Nächte
auf einer tanzenden Kugel steht;
dass er die Hälfte des Lebens gar
mit dem Kopf nach unten im Weltall hängt,
indes sich der Globus, berechenbar,
in den ewigen Reigen der Sterne mengt,
wenn das der Mensch von Herzen bedächte,
dann würd' er so, wie Kästner werden möchte.

ERICH KÄSTNER

ZEIT, SICH NEU ZU ENTDECKEN

LANG UND AKTIV LEBEN – »ALTERN MIT NEUGIERIGER NASE«

Keine Expedition in ein unbekanntes Gebiet, sondern ein Weg ohne Umkehr: so erlebe ich mein Altern, und diese Sichtweise beeinflusst den Kontext meines Veränderungsprozesses. Es war kein diffuses Gefühl, das mich wach werden ließ für das Thema »Älterwerden und Alter«, sondern mein Berufsausstieg mit 59 Jahren. Ein Berufsausstieg, der unvermutet kam und über dessen Hintergründe und Auswirkungen ich berichten werde. Mit Ende Fünfzig wusste ich, dass ein Ausstieg oder eine Auszeit die Wahrscheinlichkeit für ein ungebrochenes »Weiter so« immer geringer werden ließ. Mein Alter und Älterwerden schienen zum ersten Mal meine Möglichkeiten in meinem Beruf einschneidend zu begrenzen – und damit mein Leben. All die wunderbaren Möglichkeiten, die vermeintlich vor mir standen – manchmal herbeigeträumt, manchmal im Rahmen des Möglichen –, mussten sich jetzt an der Realität messen lassen. Die Realität hieß: wahrnehmen, dass mein Alter zu einem Hindernis für neue Karrieremöglichkeiten und berufliche Herausforderungen geworden war. Wollte ich gegen dieses Hindernis ankämpfen oder es unterwandern, anderen zeigen, dass ich doch unverdrossen weitermachen kann? Dass das Alter eigentlich keine Rolle spielt? Dieses Repertoire an Verhaltensmöglichkeiten war mir vertraut – aber ich entschied mich für einen anderen Weg. Ich machte Halt und schaute mir diese Gestalt an, die den Namen »Alter« trägt und mir so unvermutet aus dem Nebel entgegengetreten war. Ich wollte und will bis heute erfahren, was es für mich bedeutet, älter zu werden. Welche Einschränkungen und Belastungen, Ängste und Verunsicherungen mit meinem Alter verbunden sind. Erspüren und erkennen möchte ich aber noch viel mehr, welche Möglichkeiten und Lebenschancen, welche Fragen und Veränderungen mir diese neue Lebensphase eröffnet. Vielleicht werden es Veränderungen sein, mit denen ich mich selbst neu entdecken, entfalten und entwickeln kann. So begab ich mich auf eine Wahrnehmungs- und Lernreise zum Thema »Älterwerden und Alter«, die bis heute dauert und die mich noch immer verändert. Und bei der eigenes Erleben und Sammeln von fremden Wissen sich bei mir selbst und folglich auch in diesem Buch vermischen.

MIT WIDERSPRÜCHEN LEBEN: ÄLTERWERDEN UND ALTER

Meine Reise beginnt bei mir selbst. Mir ist klar, wie widersprüchlich das Thema »Älterwerden und Alter« ist und wie abhängig es ist von den Lebensumständen der Person, die altert. Die Fragen, mit denen ich konfrontiert bin, erwachsen auch aus meiner konkreten sozialen Situation. Ich muss mich ganz anderen Herausforderungen stellen, wenn ich finanziell nicht abgesichert bin, Armut oder der Möglichkeit von Armut ins Auge schauen muss, als wenn ich mir um mein Auskommen keine großen Sorgen machen muss. Habe ich ein höheres Einkommen und damit einen besseren Lebensstandard, ist auch meine Lebenserwartung höher: bessere Ernährung, Bildung und Fitness lassen meine Lebenschancen wachsen und vermitteln mir oft noch ein positiveres Bild von den Möglichkeiten des Alters.

Ein bestimmtes Alter verliert für mich immer mehr an eindeutiger Aussagekraft. Eine Frau mit vierzig Jahren kann heute zu gleicher Zeit Mutter und Großmutter werden. Manche Menschen starten mit siebzig Jahren noch eine neue Karriere und andere setzen sich mit vierzig Jahren zur Ruhe. Eine französische Freundin von mir trat mit 82 Jahren als Hörfunkjournalistin in ein neues Rampenlicht. Eine andere teilte mir mit, dass sie mit fünfzig Jahren den Stress leid sei und von nun an möglichst wenig tun wolle. Die Situation ist unentschieden und widersprüchlich. Für die einen ist Alter in erster Linie durch Defizite, Belastungen und Beschränkungen definiert, für andere verbinden sich damit Chancen zur Verwirklichung von Freiheit, Selbsterfahrung und Lebensgenuss. So kann ich als älterer Mensch entweder »voll drauf« oder »weg vom Fenster« sein. Oder – was vielleicht noch verbreiteter ist – ich kokettiere mit meinem Alter und zeige mich »fit wie ein Turnschuh«. Dazu neige ich selbst, muss ich fatalerweise feststellen. Immer wieder ertappe ich mich dabei, wohlwollend und huldvoll zu lächeln, wenn sich jemand über mein Alter erstaunt zeigt. Aber es gibt schwierigere Varianten von Verhalten: Manche schämen sich wegen ihres Alters und versuchen, es durch betonte Jugendlichkeit zu verdecken. Diese Polarisierungen, so falsch oder zutreffend sie sein können, zeigen den Bogen der Möglichkeiten im Umgang mit meiner Situation.

In jedem Fall bin ich beim Altern mit dem Phänomen »Veränderung« konfrontiert und damit zwangsläufig mit Entscheidungen, die mein Leben betreffen. Auf diese Situation, die von mir Entscheidungen darüber verlangt, welchen Weg ich gehen möchte, bin ich in der Regel schlecht vorbereitet. Ich lerne es nicht in der Schule oder auf der Universität, habe wenig Vorbilder oder Rituale in unserer entritualisierten Gesellschaft, die mich bei dem Übergang in diese neue Lebensphase unterstützen. Nicht nur ich bin davon betroffen. Vielen Menschen mit »50+« ist nicht bewusst, welche Veränderungen darauf warten, angeschaut und angenommen zu werden. Auch Abschied zu nehmen von der vorherigen Lebensphase und über das zu trauern, was wir mit ihr verlieren. Wir haben eben nicht gelernt, alt zu werden, und es wird zu wenig vermittelt, welche Chancen für eine persönliche Entwicklung und welche Potenziale mit dieser Lebensphase verbunden sind. Stattdessen verursacht dieses Thema bei vielen Menschen Angst. So breitet sich in manchen Köpfen und Herzen ein Trauerflor aus, der »Beschränkung und Verlust« heißt und die Flügel »Erweiterung und Entfaltung« verdeckt.

BESCHRÄNKUNGEN UND VERLUSTE – ANDERE SICHTWEISEN ENTWICKELN

Es sind oft negative Bilder in der Öffentlichkeit wie »Alterslawinen« oder »die Alten fressen unsere Renten auf«, die das Thema »Alter« belasten. Oder Fernsehbilder, die eine »bemühte«, energielose Turngruppe in einem Altersheim zeigen, wenn es um Daten des Statistischen Bundesamtes zum Thema »Älterwerden« geht. Auch Sprachbilder wie unsere Vorstellung von »Lebensstufen« – wir haben die Höhe mit unserem Beruf erreicht, von nun an geht's bergab – verstärken dies. Negative Bilder verbinden sich leicht mit tatsächlichen Einschränkungen und Veränderungen, die wir alle, die älter geworden sind, tagtäglich erleben. Mein Körper verliert seine Straffheit, mit welchen Cremes auch immer ich mich einschmiere. Und dass die Zeiten der glatten Jugendlichkeit vorbei sind und nicht wiederkommen, lässt sich nicht verleugnen, wenn ich unter so mancher Fitnessübung ächze.

Werbung und die Kosmetikprodukte in meterlangen Regalen fordern mich auf, die Spuren meines Alters zu bekämpfen. Allein das Wort »Anti-Aging« – warum heißt es denn nicht »Well-Aging«? –, das eine ganze Kosmetik- und Pharmaindustrie am Laufen hält, hat diese suggestive Wirkung. Ziel ist Jugendlichkeit. Jugend und Jugendlichkeit sind die entscheidenden Kriterien für meine Attraktivität – so die Klischees in Werbung und Medien. Es gibt immer noch wenig Bilder von älteren Männern und Frauen, in denen Schönheit und Lebendigkeit vermittelt werden, die einfach anders sind als die der Jugend. Warum diese Verengung auf eine vorübergehende Zeit meines Lebens, in der mein Kleid »Jugend« hieß, frage ich mich. Dieses Kleid habe ich abgelegt, und heute trage ich eben ein anderes. Um im Gebiet der Mode zu bleiben und die veränderte Qualität meiner Haut mit Kleiderstoffen zu vergleichen: Gecrashte, faltenreiche Seide kann doch ebenso schön sein wie glattes Leinen – oder etwa nicht?

Doch nicht nur Haut und Körper verändern sich, auch meine Bewegungen und meine Beweglichkeit – und letztendlich auch die erotische Anziehungskraft. Besonders ältere Frauen erscheinen in der Werbung als geschlechtslose Wesen – oder gar nicht.

All diese Phänomene und dazu noch Macht-, Anerkennungs-, Gestaltungs- und Beziehungsverluste durch das Ende meiner bisherigen Berufstätigkeit sind Erfahrungen, die mich nicht in einen Heiterkeitsschub versetzen. Informationen über Krankheiten, die mit Alter besonders verbunden sind wie Herz-Kreislauf-Probleme, Diabetes, Krebs oder Alzheimer lassen meine Stimmung grauer werden – eben ein »altersgemäßes« Grau in Grau. So lande ich vielleicht noch nicht in der Altersdepression, aber in jedem Fall bin ich in einer Phase der Ernüchterung. Große Erwartungen sind dahin und stattdessen ist die Angst da, mit welchen Problemen ich in den nächsten Jahren und Jahrzehnten möglicherweise zu kämpfen habe. Ein Fall ins Bodenlose?

ERWEITERN UND VERTIEFEN – EINE NEUE BALANCE FINDEN

Nein, denn neue Chancen und Möglichkeiten geben meinem Leben Flügel. Beschränkungen und Verluste sind nur eine Seite der Medaille »Alter«. Daneben schenkt mir das Alter Potenziale und auch den Wegfall von beruflichen Belastungen und zeitlichen Einschränkungen. Aber auch dieses ist eng mit der sozialen und gesundheitlichen Situation verbunden. Diese Lebensphase wird als gesellschaftliches Phänomen immer interessanter, was allein das Angebot an Filmen zeigt, die sich mit dem Thema »Alter« beschäftigen. Manche mit den Schrecken und Verlusten, manche mit den Möglichkeiten und Überraschungen, manche mit den Widersprüchen, die beim Thema »Alter« mitschwingen.

Wenn es um Widersprüche geht, bin ich sofort dabei. Neben dem schmerzlichen Verlust von Gestaltungsmöglichkeiten, Beziehungen und auch Einfluss, der mit meinem Übergang in eine andere Lebensphase verbunden war, gewann ich einen ungeahnten Freiraum und eine ungewohnte Entlastung. Wie viele Menschen, die auf Grund ihres Alters in Rente gehen, konnte ich erfahren, wie wunderbar es ist, nichts mehr erreichen oder beweisen zu müssen. Rollen waren wie ein Panzer von mir abgefallen, vor allem mein »Leistungspanzer« – wenn auch sehr langsam. Die Unabhängigkeit von Feedback oder Spiegelungen anderer schenkten mir einen Freiraum, den ich so in dieser Form noch nicht kannte, mich beispielsweise fragen zu können: »Was fasziniert und berührt mich? Was sind meine Bedürfnisse und Gefühle? Wo bin ich verletzlich und sollte mich vielleicht besser schützen?« Nur ich selbst konnte Antworten und eine neue Balance finden zwischen innen und außen, Gefühl und Verstand. Ich entwickelte ein neues Selbstbewusstsein, unabhängiger von Attraktivität oder Jugendlichkeit. Ich begann aber auch nicht, mich als geschlechtsloses Wesen zu definieren. Studien zeigten mir, dass sich Bedürfnisse im Alter wandeln. Sie bekommen ein neues Gesicht – ein vielschichtiges und farbiges. Also doch kein altersgemäßes »Grau in Grau«. Noch einmal Glück gehabt.

Die Auseinandersetzung mit dem Älterwerden schenkte mir auch einen neuen Zugang zu anderen Menschen. Sie kamen stärker in meinen Blick: Ich nahm und nehme sie anders wahr. Auch die Verschiedenheit von Männern und Frauen, ihr so ganz anderes Selbstbewusstsein, ihre verschiedenartigen Fähigkeiten und ihre unterschiedlichen Prioritäten. Ich frage mich: »Mit welchen Menschen will ich mich verbinden? Welche Vorurteile habe ich gegenüber anderen und welche Konventionen möchte ich ablegen? Mit wem kann ich neugierig unterwegs sein, mich vertiefen und verfeinern – also ›altern mit neugieriger Nase‹? Mit welchen Menschen kann ich die bekannten vier ›L's‹ leben, die mein Alter lebendig halten: laufen und lernen, lieben und lachen?« Diese Fragen verbinden mich mit neuen Zielen – wieder bin ich unterwegs zu anderen Kontinenten.

ENTSCHEIDEN UND ANNEHMEN – AUF MEINEN BLICKWINKEL ACHTEN

Diese Vorteile, die ich hier beschrieben habe, spiegeln meine Erfahrungen und Sichtweise. Für andere Menschen meines Alters sind dies keine Themen. Manche wollen das Leben einfach genießen – nicht mehr und nicht weniger. Für andere sind meine Möglichkeiten keine Möglichkeiten – sie sind innerlich in Pension gegangen. Klar ist, dass es wesentlich vom eigenen Blickwinkel und der eigenen Haltung abhängt, wie wir dem Altern begegnen, wofür wir uns entscheiden, was sich ändern und was bleiben soll. Vieles können wir im Leben nicht verändern – unsere Sichtweise auf die eigene Situation, die Einschätzung der eigenen Möglichkeiten und Begrenzungen aber von einem Moment zum anderen. Und worauf wir unseren Blick richten und welchen Aspekten unseres Lebens wir Energie geben, ist die eigene Entscheidung.

Entscheiden bedeutet für mich immer auch anzunehmen, was ist: meine zeitlichen, örtlichen und finanziellen Begrenzungen, mein Leben, so wie es sich gestaltet hat und wie ich es gestaltet habe, mit seinen lichtvollen Momenten, die mich beglückt haben, und mit seinen Schatten, die schmerzhaft waren, die mich aber vertieft haben. Annehmen meint für mich auch ansehen, was mir gelungen, aber auch, was mir misslungen ist, beglückt sein über das, was ich erfahren konnte, und trauern über manche vertane Chancen und nicht genutzte Möglichkeiten. Meine Gefühle und Bedürfnisse annehmen, die mir wichtige Wegweiser sind und sein können für das, was ich noch leben will. So beschreite ich in dieser Phase meines Lebens wieder einen Weg nach innen – zu meinem eigenen Erstaunen. Ebenso erstaunt bemerke ich, wie sich im Gehen dieses Weges immer mehr einzelne, unverbundene Elemente meines Wesens und meiner Biografie verbinden – mein widersprüchliches Wesen sich zu etwas Neuem geformt hat und formt. Fast bekomme ich den Verdacht, altersweise zu werden – doch dies ist zu meiner Erleichterung nur von kurzer Dauer.

Jedenfalls gewinne ich in dieser Auseinandersetzung ein neues Bild vom Älterwerden – von meinem Älterwerden. Und dies ist zu guter Letzt der einflussreichste Faktor, wenn es um die Qualität meines Alters geht. Wieder ist es mein Zukunftsbild, das meine Entscheidung prägt und Auswirkungen auf mein zukünftiges Leben haben wird: Welches Bild habe ich von meinem Alter – wie sehe ich mich selbst in meinem Alter? Gelingt es mir, auf meine Ressourcen zu schauen, die ich im Laufe des Lebens entwickelt habe, und sie zu nutzen? Bin ich bereit, mir immer wieder neue Ziele zu stecken und im lebendigen Austausch mit anderen Menschen zu bleiben? Immer wieder neu anzufangen? Offen zu sein für Bildung und Erfahrung? Auf meinen Körper zu achten? Nutze ich meine Freiheit und lebe das, was mich wirklich glücklich macht und erfüllt? Bin ich bereit, all die negativen Klischees über das Altern unverdrossen in den Müll zu werfen? Denke ich daran, dass ich ein klares »Ja« zu meinem Leben in all seinen Facetten sagen möchte, wenn ich sterbe? Und setze ich mich mit meiner letzten Reise auseinander, bei der ich keinen Koffer mitnehmen kann? Kann ich den Tod also in mein Leben integrieren?

Mit all diesen Fragen bin ich nicht allein – aber ich muss sie allein entscheiden. Doch ich habe Helfer: Es gibt Wissen aus anderen Kulturen, das mich in dieser Übergangsphase unterstützt, Bücher und Seminare, die Anregungen geben, Studien zur Alternsforschung, die einengende Vorstellungen weiten, Vorbilder, die mich ermutigen. So ist es zum Beispiel in Teilen der Pyrenäen Brauch, in dieser Phase jeden Monat etwas zu tun, was man noch nie getan hat und eigentlich schon immer tun wollte. Oder ich kann das eigene Leben vom Ende her denken und mich fragen: »Mit welchem Gefühl will ich sterben und was will ich daher bis dahin noch leben?« Oder ich befasse mich mit den Schlussfolgerungen von Sterbenden über das, was sie in ihrem Leben am meisten bereut haben wie: mehr Mut für das eigene Leben, weniger Arbeit, Mut zum Zeigen von Gefühlen, stärkerer Kontakt zu Freunden und mehr das eigene Glück verfolgen. Mehr über Ergebnisse der Alternsforschung und Erfahrungen von Betroffenen ist in späteren Kapiteln zu finden – mehr über den Erfahrungsschatz von Menschen, die sich in ihrem Leben mit eigenen Veränderungsprozessen auseinandergesetzt haben, jetzt.

NICHT MÜDE WERDEN

Nicht müde werden
sondern dem Wunder
leise
wie einem Vogel
die Hand hinhalten.

HILDE DOMIN

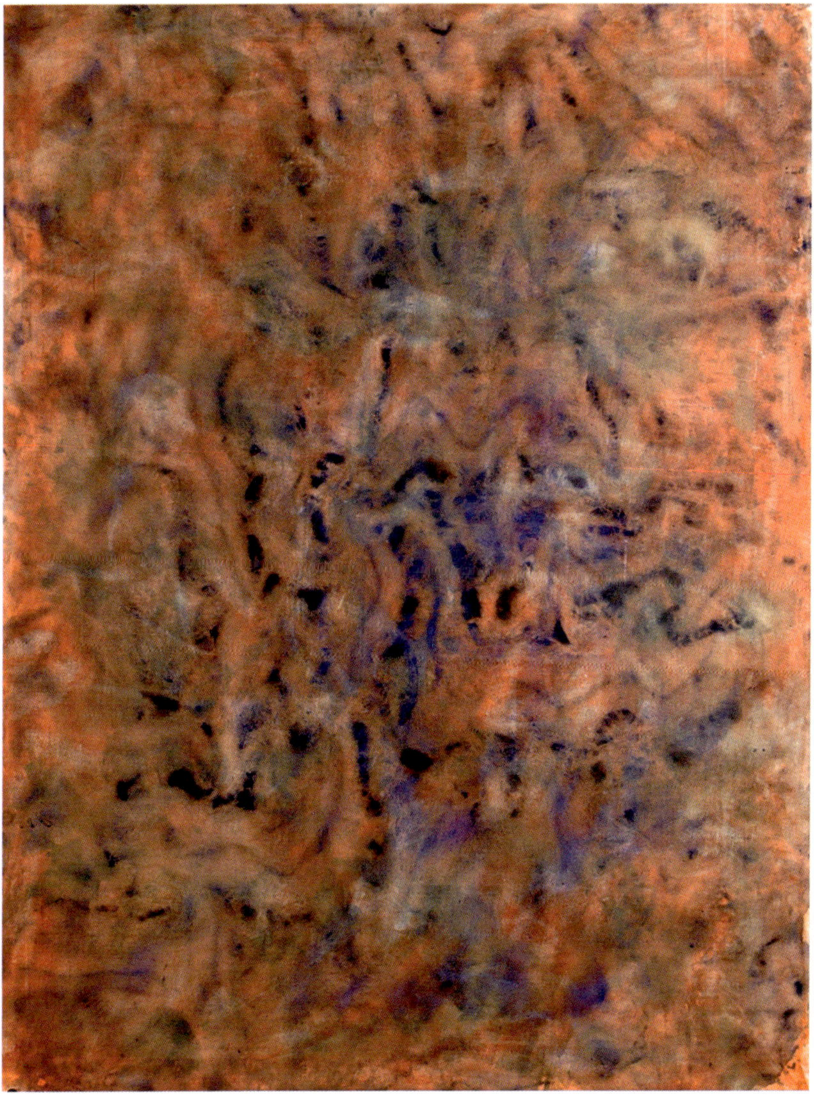

ZEIT, ERFAHRUNGEN ZU TEILEN

MENSCHEN, DIE MUT MACHEN

Es ist Zeit, über den Tellerrand zu schauen und andere zu fragen, wie sie denn mit Veränderungen in ihrem Leben umgegangen sind – Personen, die in der Öffentlichkeit stehen, in unterschiedlichen Bereichen wirken und unterschiedliche Erfahrungen haben. Bei manchen waren die Veränderungen sehr tiefgreifend, bei manchen eher facettenhaft. Drei Fragen habe ich an jeden und jede gestellt, während ich dieses Buch schrieb:

1. »Sie haben sich in Ihrem Leben immer wieder neu entdeckt und entfaltet. Was haben Sie daraus gelernt? Was haben Sie dabei gefühlt?«
2. »Was hat Sie bei dem Prozess unterstützt?«
3. »Was ist Ihre Botschaft an Menschen, die in sich den Wunsch verspüren, ihr Leben verändern zu wollen? Oder auch damit konfrontiert sind, sich verändern zu müssen?«

Mit zwölf Personen habe ich kurze, schriftliche Interviews über ihre persönlichen Erfahrungen gemacht. Eine Person habe ich auf Grund seiner besonderen Expertise im Veränderungsmanagement gebeten, sein Wissen über dieses Gebiet mit seinen persönlichen

Erlebnissen zu verbinden – und dies im Rahmen eines Gesamttextes, der sich aber auf die gleichen Fragen bezieht.

Die Antworten, die ich erhalten habe und für die ich allen sehr danke, waren und sind nicht nur Inspirationen für mich, sondern vielleicht auch für die Leserinnen und Leser – für Sie. Fangen wir mit den persönlichen Erfahrungen an.

ERKENNTNISSE

UND WAHRNEHMUNGEN VERMITTELN

ANDRÉ HELLER zählt zu den erfolgreichsten Multimediakünstlern der Welt. Seine Verwirklichungen umfassen Gartenkunstwerke, Prosaveröffentlichungen ebenso wie Erneuerungen von Zirkus und Varieté, sowie Theater, Show- und Ausstellungsereignisse, die weltweit ihr Publikum fanden. Auch Millionen verkaufter Schallplatten als Chansonnier eigener Lieder gehören dazu.

Herr Heller, Sie haben sich in Ihrem Leben immer wieder neu entdeckt und entfaltet. Was haben Sie daraus gelernt? Was haben Sie dabei gefühlt?

ANDRÉ HELLER: Ich glaube, wir werden als Entwürfe zum Menschen geboren und sollten uns im Laufe unserer abenteuerlichen Jahre durch engagiertes Lernen, durch Entfalten unseres Potenzials, durch ein uns selbst und der Welt auf den Grund gehen, in der Polarität dieses merkwürdigen Sterns, derart verwandeln, dass wir immer mehr einem wirklichen Menschen ähnlich werden. Ein wirklicher Mensch ist meiner Meinung nach jemand, der synchron mit den klugen Bedürfnissen seiner Seele lebt, dessen hohes Bewusstsein es ihm zur Selbstverständlichkeit macht, dankbar zu sein, das Ego im Zaum zu halten und danach zu trachten, nicht dauernd zu bewerten, sondern bedingungslos zu lieben. Dies war und ist in meinem Fall ein sehr großes und langwieriges Projekt, das mich mit Sicherheit bis zum letzten Atemzug fordert.

Was hat Sie bei dem Prozess unterstützt?

ANDRÉ HELLER: Vor allem begriffen zu haben, dass unsere Gedanken unsere Wirklichkeit schaffen und unser Bewusstsein für unsere Gedanken verantwortlich ist. Die Arbeit an einem höheren Bewusstsein sollte also absolute Priorität haben, wenn wir nicht unsere schönste Erfüllung in Not, Sünde, Krankheit, Angst und anderen lähmenden Einschüchterungen vermuten. Hilfe und Vorbilder sind dabei natürlich manche Meisterwesen und Ermutigungen, die aber genauso gut unser Kind oder eine Musik von Schubert oder eine Landschaft oder die Beobachtung der Bewegungen einer Katze sein können. Unser Dasein ist angefüllt mit wunderbaren Anregungen, für die uns der weit verbreitete Kult der schlechten Laune und Raunzigkeit und die tragischerweise uferlos populäre Sucht nach Leid blind und unempfindlich machen. Es gibt aber, und ich mache seit geraumer Zeit diese Erfahrung, durch ein ins Höhere verändertes Bewusstsein seriös die Möglichkeit, statt durch Qualen durch Freude und Sinnlichkeit zu lernen.

Was ist Ihre Botschaft an Menschen, die in sich den Wunsch verspüren, ihr Leben verändern zu wollen? Oder auch damit konfrontiert sind, sich verändern zu müssen?

ANDRÉ HELLER: Ich bin kein Missionar, kann aber sagen, dass es mir selbst entscheidend geholfen hat, ganz und gar die Verantwortung für mein Leben und meine Wege zu übernehmen. Für mich, meine Freuden und Nöte, bin allein ich zuständig, und es gibt keine Schuldigen mehr, weder meine Eltern und Erzieher noch meine Partner, Freunde oder Mitarbeiter, denn ich habe allen, die mich gekränkt oder verletzt haben, weil sie es nicht besser wussten oder konnten, längst und ganz bewusst verziehen. Ich musste lernen, die Macht möglichst bei mir zu lassen und nicht anderen zu gestatten, an mir herumzuzerren und sich für mich Richtungsentscheidungen anzumaßen, die ich, ganz allein, aus meiner Liebe und Freundschaft zu mir selbst und unter Nutzung der Weisheit meiner Seele, treffen muss. Steh für dich selbst ein, wisse, dass du hier bist, um als spirituelles Wesen in einem menschlichen Körper menschliche Erfahrungen zu machen. Wisse, dass du nicht dein Körper bist, sondern ihn als Werkzeug nutzen darfst, ebenso wie deine Gedanken. Ich glaube, es wird uns nichts zugemutet, das wir nicht heben können, vorausgesetzt, wir gehen nicht lieblos, fahrlässig, zynisch und selbstbeschädigend mit uns um. Wir schulden allerdings nicht nur dem Universum, unserem Planeten, mit seinen Milliarden Nuancen Respekt, sondern eben auch im besonderen Maße uns selbst.

CECILY CORTI engagiert sich für obdachlose Menschen. Seit 2004 gründete sie mehrere Projekte für alkoholkranke wohnungslose Menschen. »VinziRast-mittendrin«, ein Haus, in dem Studierende und ehemals Wohnungslose gemeinsam wohnen, arbeiten und lernen, wurde 2013 eröffnet. Im Mittelpunkt von CECILY CORTIS Engagement stehen Respekt und Würde.

Frau Corti, Sie haben sich in Ihrem Leben immer wieder neu entdeckt und entfaltet. Was haben Sie daraus gelernt? Was haben Sie dabei gefühlt? Was hat Sie bei dem Prozess unterstützt?

CECILY CORTI: Ich kann mir Leben ohne Entfaltung, Wachstum und neue Entdeckungen nicht vorstellen. Für mich ist das die Essenz von Lebendigkeit. Ich kann mich erinnern, dass mir während der Pubertät auffiel, wie viele Menschen in einem fortgeschrittenen Alter – das war für mich alles jenseits von 45 bis 50 Jahre – wie

Zombies durch den Tag gingen. Wie würde ich das für mich verhindern können? Wie bleibe ich lebendig bis zuletzt, welchen Unterschied macht es, ob ich lebe oder gelebt werde?

Dann hat mich der Lebensalltag fast verschluckt: Die Ehe, der Beruf meines Mannes, die Kinder, all diese Aufgaben und Probleme des Alltags haben Selbstreflexion und Bewusstwerdung verhindert. Und doch, irgendwann zwischen 40 und 50 wurde der innere Druck zu groß – die zunehmende Spannung: Wer bin ich jenseits von Erziehung, Tradition und Gesellschaft? Wie erfülle ich die vermeintliche Erwartungshaltung der Umwelt? Wer bin ich eigentlich?

Eine mehrjährige große Lebenskrise war die Folge. Ein Boden, der bis dahin stabil und tragfähig schien, zerbröselte. Ich fühlte mich wie im freien Fall. Da war nicht nur Angst vorherrschend, da war bisweilen tiefe Todessehnsucht. Aber irgendwann, in der konkreten Konfrontation mit dem AUS, war unerwartet die Entscheidung für das Leben da. Koste es, was es wolle. Ich wollte wissen, wofür es sich zu leben lohnt, warum ich auf dieser Welt bin. Ab diesem Zeitpunkt kamen die Lebensgeister zurück. Ich fühlte – oder ahnte vielleicht nur – die Verbindung zu meinem tieferen Selbst und begann Menschen, Bücher, Situationen zu suchen, die mich und diese Verbindung zu meinem Inneren nährten. Weise Sprüche begleiteten mich. Ich begann sie ernst zu nehmen, während ich sie früher als schön, aber nicht relevant empfand. Natürlich waren da auch Menschen, die mich im Prozess der Wandlung durch ihre Authentizität, Erfahrung und wärmende Zuwendung unterstützten. Die mir Mut machten, die Brücke zum anderen Ufer zu überqueren, auch wenn es oft allzu fern und fremd, einsam und unerreichbar schien, während das vertraute Terrain zum Umkehren lockte.

Die Sehnsucht nach der Heimat in mir selbst, nach einer Freiheit, die keine Bedingungen voraussetzt, ließ mich nicht wieder los.

Das Sitzen in der Stille – in der Tradition des Zen-Buddhismus –, das mir seit 25 Jahren zur täglichen Übung wurde, öffnet mir Räume einer umfassenden Wachheit, Weite und Verbundenheit.

Was ist Ihre Botschaft an Menschen, die in sich den Wunsch verspüren, ihr Leben verändern zu wollen? Oder auch damit konfrontiert sind, sich verändern zu müssen?

CECILY CORTI: »Botschaften« bringt der Briefträger, »Ratschläge« versetzen mitunter Schläge – wie also lässt sich die Spur zum eigenen, zum authentischen und Sinn gebenden Leben finden? Wie nähre ich die Sehnsucht? Wie kann ich dem Fluss des Lebens vertrauen, wie ein Fährmann, der sein Schiff durch wilden Wellengang auf hoher See steuert und dabei den Wind nutzt, um den Hafen sicher zu erreichen? Ich muss mich wohl dem Schmerz und dem Nichtwissen stellen. Ich denke, das unterstützt das Wachsen von Verantwortung für das eigene Leben wie auch für die Welt, in die wir hineingeboren wurden. Und Verantwortung verstehe ich als gelebte Antwort auf den Augenblick.

GERALD HÜTHER ist Neurobiologe, Hirnforscher, Professor und Autor wissenschaftlicher und populärwissenschaftlicher Bücher und vieler anderer Schriften. Sein vielfältiges Wissen setzt Gerald Hüther speziell ein für die Entwicklung von neuen Ansätzen im Schul- und Bildungsbereich und generell für werteorientierte Veränderungen in Gesellschaft und in Organisationen.

Herr Hüther, Sie haben sich in Ihrem Leben immer wieder neu entdeckt und entfaltet. Was haben Sie daraus gelernt? Was haben Sie dabei gefühlt?

GERALD HÜTHER: Immer dann, wenn ich auf meinem Lebensweg in Bahnen geraten bin, die zunehmend enger wurden, die nur noch geradeaus in eine bestimmte Richtung führten, wo ich eigentlich gar nicht hinwollte, habe ich versucht, diese eingefahrenen Bahnen aufzubrechen, seitlich irgendwie herauszukommen, mich wieder für Neues zu öffnen.

Das war so, als ich die damalige DDR verlassen habe und das war auch der Grund, meine Tätigkeit in einem Max-Planck-Institut abzubrechen und stattdessen eine Forschungsabteilung in einer Psychiatrischen Klinik aufzubauen. Und als mir auch das zu eng wurde, habe ich nach Betätigungsfeldern außerhalb der Psychiatrischen Forschung gesucht.

Das waren immer schwierige Übergänge, bei denen am Anfang nie klar war, ob sie gelingen. In dem alten Betätigungsfeld kannte ich mich ja aus, dort war ich ja sogar erfolgreich unterwegs und hätte auch gut so weitermachen können wie bisher. Aber diese jeweiligen Umorientierungen haben mich auch gelehrt, dass es geht. Ich habe mich in jedem Fall danach auch immer besser gefühlt als vorher. Irgendwie so, als sei ich mir treu geblieben.

Was hat Sie bei dem Prozess unterstützt?

GERALD HÜTHER: Unterstützt hat mich bei diesen Neuorientierungen wohl primär nur so etwas, was man das Folgen »seiner inneren Stimme« oder seiner »Berufung« nennt. Diese innere Stimme ist wohl Ausdruck eines sehr tief verankerten und früh geprägten Bildes von sich selbst, das ja jeder Mensch im Lauf seines Lebens entwickelt. Bei mir stammt dieses Bild wohl aus meiner Kindheit. Ich war schon damals ein begeisterter Entdecker und habe mich nicht so sehr für Einzelheiten interessiert, sondern dafür, wie diese einzelnen Phänomene zusammenhängen, wie sie miteinander verbunden sind und sich wechselseitig bedingen. Ich war aber auch schon als Kind immer an der Aneignung von sehr vielen und sehr unterschiedlichen Fähigkeiten interessiert. Dadurch habe ich ziemlich viel gelernt. Das hat mir bei all diesen späteren Neuorientierungen sehr geholfen. Ich kann heute noch eine Wohnung tapezieren, Hosen nähen, Mähdrescher fahren,

Bienen züchten und Honig gewinnen, aus dem Nest gefallene Vögel großziehen, Obstbäume schneiden und noch vieles mehr. Wenn ich einmal irgendwann arbeitslos würde, wäre das nicht so schlimm, irgendwie würde ich auch dann etwas finden, womit ich meinen Lebensunterhalt bestreiten kann.

Was ist Ihre Botschaft an Menschen, die in sich den Wunsch verspüren, ihr Leben verändern zu wollen? Oder auch damit konfrontiert sind, sich verändern zu müssen?

GERALD HÜTHER: Man kann andere Personen nicht zwingen, noch einmal etwas an ihrem Leben zu ändern. Und wenn jemand seinen Job verliert, erlebt er sich auch meist als Opfer. Wer sich dann noch mit dieser Rolle identifiziert, kommt da nie mehr heraus. Aussteigen und sich umorientieren kann man nur dann, wenn man das auch selbst will. Und wollen kann man das nur dann, wenn man sich hin und wieder einmal fragt, ob das, was man tagtäglich macht, tatsächlich das Leben ist, das man gern führen möchte. Dann kann es passieren, dass man den Wunsch verspürt, noch einmal aufzubrechen. Aber wenn man zu sehr an seinen alten, bisher angesammelten Besitzständen klebt – dazu gehören eben auch die unerschütterbaren Vorstellungen und festen Überzeugungen, die man sich im Lauf des bisherigen Lebens zu eigen gemacht und in seinem Hirn verankert hat –, geht das nicht. Um vom Besitzstandwahrer zum Selbstentwickler zu werden, muss man auch immer wieder einiges loslassen können. Das kann sehr befreiend sein, aber wer es nie versucht hat, der kennt dieses Gefühl ja gar nicht. Der muss dann eben so weitermachen wie bisher.

BEATE WEBER-SCHUERHOLZ ist Lehrerin und Politikerin. Mehr als zehn Jahre war sie Mitglied im Europäischen Parlament und 16 Jahre Oberbürgermeisterin von Heidelberg. Bekannt ist Beate Weber-Schuerholz für engagiertes Eintreten vor allem im Bereich des nationalen und internationalen Umwelt- und Klimaschutzes, der Nachhaltigkeit und Kultur.

Frau Weber-Schuerholz, Sie haben sich in Ihrem Leben immer wieder neu entdeckt und entfaltet. Was haben Sie daraus gelernt? Was haben Sie dabei gefühlt?

BEATE WEBER-SCHUERHOLZ: Die meisten Veränderungen gründeten auf eigenen Vorentscheidungen. Meist wollte ich Erfahrungen, die ich nicht nur für individuelle hielt, sondern allgemein für wichtig, weitergeben und in Gremien und ihre Entscheidungen einbringen.

Das waren bei meinem Eintritt in die SPD beispielsweise die Erfahrungen aus dem Lehrberuf und solche, die ich in meinem Stadtteil machte. Ich stellte mir vor, dass ältere Männer (für mich waren das damals allerdings schon solche über 40 Jahre!) die Welt, ihre Umgebung und vor allem Kinder und Jugendliche sicher anders wahrnehmen als eine Frau mit Mitte 20. Deshalb hielt ich eine Mitgliedschaft von Männern und Frauen, Jungen und Älteren für unabdingbar.

Für den Heidelberger Gemeinderat habe ich dann aus ähnlichen Beweggründen kandidiert. Ich war verheiratet, wir bekamen eine kleine Tochter und wohnten in einem noch im Bau befindlichen Stadtteil, dessen Planer ganz offensichtlich wenig über die Bedürfnisse von jungen Frauen mit Kleinkindern nachgedacht hatten. Gemeinderäte und verantwortliche Stellen in Verwaltungen waren zu der Zeit fast ausschließlich mit Männern besetzt. Ich war empört, als mir das bewusst wurde, besuchte die ersten kommunalpolitischen Veranstaltungen und kam so in die Lage, erstmals öffentlich zu sprechen – mit großem Herzklopfen! Aber ich war mir sicher, dass es wichtig war, zu einem solchen Thema etwas Sinnvolles beisteuern zu können.

Auch die Entscheidung, für das Europäische Parlament (EP)

kandidieren zu wollen, beruhte auf ähnlichen Voraussetzungen. Außerdem stellte ich mir vor, dass bei offenen Grenzen neben vielen anderen Themen ein gemeinsames Vorgehen in der Bildungspolitik und vor allem im Umweltschutz dringend notwendig wäre. Ich wurde von meiner Partei sehr unterstützt und insgesamt drei Mal gewählt.

Die Kandidatur als Oberbürgermeisterin kam sehr ungeplant, aber ich hatte den Eindruck, dass unsere Stadt »reif« war für eine Frau an der Spitze mit ganz bestimmten, aber anderen Vorstellungen von Stadt als mein Vorgänger und die anderen Kandidaten. Nach 16 Jahren in diesem Amt habe ich dann bewusst nicht mehr kandidiert, denn es gibt zu viele in der Politik, die nicht zum richtigen Zeitpunkt aufhören.

Was hat Sie bei dem Prozess unterstützt?

BEATE WEBER-SCHUERHOLZ: Wichtig war der Eindruck, dass eigentlich alles möglich ist, dass es lohnt, immer über den eigenen Tellerrand zu schauen, offen zu sein für Anderes und allmählich Vertrauen in die eigenen Fähigkeiten aufzubauen. Dabei habe ich immer wieder gespürt, dass auch andere zunehmend Vertrauen in mich setzten. Vor allem habe ich vielfach erfahren, dass Frauen mich äußerst solidarisch unterstützten. In einem der OB-Wahlkämpfe kam eine ältere Dame zu mir an den Stand, drückte mir die Hände und sagte: »Wie schön, dass sich endlich einmal eine von uns traut!« Eine Familie und / oder Freunde und Freundinnen zu haben, die zu einem halten, auch kritisch sind, ist unverzichtbar. Dazu muss man selbst Vertrauen zu anderen haben, vor allem zu denen, mit denen man arbeitet. Die großen Themen, mit denen ich mich beschäftigt habe, waren und sind noch allgemein von Bedeutung, das hat mir auch immer Kraft gegeben: Umweltschutz, Nachhaltigkeit, Demokratie, Transparenz, Bürgernähe, Gleichstellung und ein friedliches Zusammenleben von Menschen unterschiedlicher Herkunft. Man braucht Themen, an die man glaubt. Trotzdem war das nicht einfach, es gab viel Stress und unendlich viel Arbeit. Wenn die einem aber Freude macht, ist das kein Problem. Ich würde jede der Entscheidungen wieder treffen.

Was ist Ihre Botschaft an Menschen, die in sich den Wunsch verspüren, ihr Leben verändern zu wollen? Oder auch damit konfrontiert sind, sich verändern zu müssen?

BEATE WEBER-SCHUERHOLZ: Man sollte keine Angst vor Veränderungen haben, denn die haben meistens positive Folgen – wenn diese auch nicht immer sofort ersichtlich sind. Das gilt für Beruf und Privatleben. Immer entwickeln sich neue Chancen – wenn man sie zulässt. Wenn man sich entschieden hat, etwas Bestimmtes zu tun, dann sollte man hart daran arbeiten, das gesetzte Ziel zu erreichen. Enttäuschungen bleiben sicher nicht aus, aber auch die tragen dazu bei zu lernen; beim nächsten Mal macht man dann sicher etwas anders, vielleicht sogar viel besser.

GERHART RUDOLF BAUM ist Politiker, Rechtsanwalt und war Bundesminister des Innern in Deutschland. Gerhart Rudolf Baums Wirken ist von Vielfalt geprägt: Minister, Bundestagsabgeordneter, Innen-, Kultur- und Rechtspolitik, renommierter Anwalt und Verfassungsjurist, internationaler Menschenrechtsexperte, engagierter Vertreter des öffentlich-rechtlichen Rundfunks, Förderer der Neuen Musik und Publizist.

Herr Baum, Sie haben sich in Ihrem Leben immer wieder neu entdeckt und entfaltet. Was haben Sie daraus gelernt? Was haben Sie dabei gefühlt? Was hat Sie bei dem Prozess unterstützt?

GERHART RUDOLF BAUM: Man entwickelt sich lebenslang kontinuierlich durch neue Aufgaben und Herausforderungen. Allerdings gibt es auch Zäsuren. Eine solche war für mich eine neue

Partnerschaft, in der ich jetzt seit 22 Jahren lebe. Viel zu lange habe ich gezögert, den entscheidenden Schritt aus einer gescheiterten Ehe zu tun. Dieses Zögern hat allen Beteiligten nicht gutgetan. Aber es war dennoch nicht zu spät, eine neue glückliche Lebensphase einzuleiten.

Ich war lebenslang ein »political animal« – auch in meiner anwaltlichen Tätigkeit, bei der ich vor allem Opfer vertrete und für bessere politische Rahmenbedingungen kämpfe. Motiviert war ich immer durch politische Ziele. Und vieles habe ich erreicht. Dazu gehört auch die Reformpolitik der sozialliberalen Koalition, die unsere Gesellschaft von Grund auf veränderte. Wir handelten im Bewusstsein, die Republik noch einmal zu gründen. Auch die neue Deutschland- und Ostpolitik gehörte dazu. Sie hat zu dem neuen Europa geführt, in dem wir jetzt leben. Es gab aber auch Rückschläge und Enttäuschungen. Der tiefste Einschnitt war für mich das Jahr 1982, als sich die FDP – für die meine politischen Freunde und ich gekämpft hatten – von uns entfernte. Mit dem Regierungswechsel von Schmidt zu Kohl verloren die »Freiburger Thesen« (1971) eines »sozialen Liberalismus« ständig an Bedeutung. Die Themen, für die ich stehe, kamen unter die Räder – z.B. die Bürgerrechtspolitik. Ich verlor mein Amt als Innenminister. Das Angebot, Justizminister zu werden, konnte und wollte ich nicht annehmen. Einer meiner heftigsten politischen Gegner wurde mein Nachfolger.

Ich stand vor der Frage, ob ich in meiner Partei bleiben sollte. Einige meiner guten Freunde haben die FDP verlassen, andere nicht. Ich wollte dafür kämpfen, die liberale Partei zu ihren Grundauffassungen zurückzuführen. Wie sich herausgestellt hat, war dieses Bemühen nicht sehr erfolgreich. Ich habe mir deshalb neue Ziele gesetzt. Es war und ist meine Anwaltstätigkeit. Viele Jahre war ich außerdem in der nationalen und internationalen Menschenrechtspolitik tätig. Ich habe Partei ergriffen für die

Menschen, die in Diktaturen den Mut haben, für die Freiheit zu kämpfen.

Ein weiteres herausforderndes Thema war für mich seit Jahrzehnten der Kampf gegen den Sicherheitswahn. Die Balance hatte sich durch sicherheitspolitische Aufrüstung ständig zu Lasten der Freiheit verschoben. Das sittliche Prinzip der Menschenwürde, niedergelegt im Grundgesetz und in der Allgemeinen Erklärung der Menschenrechte, hat mich und meine Freunde motiviert und geleitet. Mit verschiedenen Beschwerden beim Bundesverfassungsgericht gelang es uns, den Gesetzgeber wieder an das Grundgesetz zu binden. Vier Mal hatten wir Erfolg.

All diese neuen Aktivitäten gaben mir Kraft. Manchmal hatte ich sogar das Gefühl, ich hätte schon früher mein Bundestagsmandat, das ich immerhin von 1972 bis 1994 innehatte, aufgeben sollen. Ich hatte mich noch einmal um ein Mandat beworben. Meine Partei aber wollte mich nicht mehr – zu meinem Glück. Manchmal fehlt eben der Mut zur rechtzeitigen Veränderung.

Was ist Ihre Botschaft an Menschen, die in sich den Wunsch verspüren, ihr Leben verändern zu wollen? Oder auch damit konfrontiert sind, sich verändern zu müssen?

GERHART RUDOLF BAUM: Also: Ich habe gelernt, dass man sich immer wieder Ziele setzen muss, ohne Furcht, dabei zu scheitern. Neugierig bleiben auf Menschen, auf politische und gesellschaftliche Veränderungen. Das ist für mich Lebenselixier. Vor allem braucht man gleichgesinnte Freunde und Unterstützung der Menschen, die einem nahestehen.

Ein Wort zum Alter – immerhin bin ich gerade 80 geworden: Wir sollten jeden Lebensabschnitt, vor allem das Altwerden, akzeptieren. »Auf der letzten Etappe nicht schlappmachen«, das sagt Cicero in seiner berühmten Rede über den Tod. Körperlich altert man. Gegen geistiges Altern kann man viel tun. Leben heißt für mich ständiges Lernen und auch das Durchdringen neuer komplizierter Sachverhalte. Was zum Beispiel bedeutet die digitale Revolution für unsere Gesellschaft und unser Leben!

Zur Neugier gehören auch Reisen, das Offensein für andere Kulturen und Lebensweisen. Von den USA oder von China aus gesehen, bekommt man zum Beispiel einen ganz anderen Blick auf unsere Probleme. Zur Neugier gehört auch die Offenheit für die Kunst. Bei mir heißt es vor allem: Neugier auf die zeitgenössische Musik, aber auch auf die anderen Künste. Es entsteht um uns herum viel Neues und Zukunftweisendes. Man muss es nur wahrnehmen wollen. Veränderung – das ist für mich im Leben ein ständiger Prozess.

MARIANNE KOCH ist Ärztin, Medizinjournalistin und Moderatorin. Sie hatte eine glänzende internationale Filmkarriere hinter sich, ehe sie 1971 ihr Medizinstudium wieder aufnahm. Als Internistin arbeitete Marianne Koch bis 1997 in ihrer Praxis. Zugleich moderierte sie TV-Talkshows, schrieb Bücher und hat eine aktuelle wöchentliche Radiosendung.

Frau Koch, Sie haben sich in Ihrem Leben immer wieder neu entdeckt und entfaltet. Was haben Sie daraus gelernt? Was haben Sie dabei gefühlt?

MARIANNE KOCH: Es stimmt. Ich habe, zumindest in meinem beruflichen Leben, mehrmals einen Neuanfang gewagt. Die erste Wende kam, als ich mitten im Medizinstudium steckte und aus heiterem Himmel das Angebot bekam, in einem Film mitzuwirken. Auf diesen Film folgten andere, und schließlich war diese Karriere mit dem Studium nicht mehr zu vereinbaren. Ich beschloss, das Studium zu unterbrechen – zwei, drei Jahre, dachte ich. Es wurden dann zwanzig. Zwanzig Jahre, in denen das Unbehagen an einem Leben in der Öffentlichkeit trotz aller Erfolge ständig zunahm. Irgendwann klaffte die Schere zwischen der

Person, die ich zu sein schien, und der, die ich tatsächlich war, so weit auseinander, dass ich von heute auf morgen Schluss machte mit dem Film und an die Uni zurückging, zu dem, was ich immer als meinen eigentlichen Beruf erachtet hatte. Das war mein Glück.

Die späteren Kurswechsel – der Absprung von der Klinik in eine eigene Praxis, wohlgemerkt: mit 55 Jahren; 14 Jahre danach der Verkauf der Praxis und Beginn einer neuen Karriere als Medizinjournalistin – waren dagegen leichte Entscheidungen. Schließlich hatte ich gelernt, dass man belohnt wird, wenn man Mut beweist und ehrlich mit sich und den eigenen Bedürfnissen umgeht.

Was hat Sie bei dem Prozess unterstützt?

MARIANNE KOCH: Meine Kinder. Die interessanten Menschen, von denen ich damals nach meiner Scheidung und – einzigen – privaten Wende hin zu einem jungen Schriftsteller umgeben war.

Ich erinnere mich, dass ich später einmal von einem kurzen New-York-Aufenthalt zurückkam und so berührt war von der Selbstverständlichkeit, mit der die Menschen dort von einem Job zum anderen gingen, von ihrem Leben ohne soziale Sicherheit, ohne Netz und doppelten Boden, dass mir das Risiko, noch eine eigene Praxis zu gründen, fast gering erschien.

Was ist Ihre Botschaft an Menschen, die in sich den Wunsch verspüren, ihr Leben verändern zu wollen? Oder auch damit konfrontiert sind, sich verändern zu müssen?

MARIANNE KOCH: Ich habe keine eigentliche Botschaft. Kein Leben ist wie das eines anderen, und jeder muss sich seine eigenen Regeln setzen.

Allerdings: Der »Wunsch«, ein anderes Leben führen zu können, ist nicht genug. Man muss wirklich mit heißem Herzen dafür kämpfen, man muss extrem motiviert sein, dieses »andere« zu erreichen, sonst ist die Gefahr des Scheiterns zu groß.

Unsere Kinder und Enkel werden kaum noch auf eine geradlinige Karriere im einmal gewählten Beruf hoffen können. Zu rasant wird sich die Welt und werden sich damit ihre jeweiligen Chancen verändern und sie zwingen, sich immer wieder neu zu orientieren. Wir können ihnen nur sagen: Seid mutig. Es gibt ohnehin keine Gewissheiten. Das Leben ist auch ein Spiel mit den Gelegenheiten, die sich uns bieten.

ERHARD BUSEK ist Politiker, ehemaliger Vizekanzler Österreichs und Publizist. Er war Minister in unterschiedlichen Ressorts. Erhard Buseks besonderes Interesse gilt Mitteleuropa, auch als früherer Sonderkoordinator des Stabilitätspakts für Südosteuropa und Vorsitzender des Instituts für den Donauraum und Mitteleuropa. Er ist Ehrenpräsident des Europäischen Forums Alpbach.

Herr Busek, Sie haben sich in Ihrem Leben immer wieder neu entdeckt und entfaltet. Was haben Sie daraus gelernt? Was haben Sie dabei gefühlt?

ERHARD BUSEK: Als ich von Aufgaben und Funktionen scheiden musste, habe ich mir eigentlich nie leidgetan. Mich hat ein Satz meines Vaters begleitet, der sehr primitiv klingt, aber doch einiges für sich hat: »Man weiß nie, wozu es gut ist!« Mit dieser Einstellung habe ich die Veränderung fast immer positiv betrachtet. Natürlich hatte sie unterschiedlich auslösende Momente. Zum einen hat es die Politik an sich, dass man etwa abgewählt oder nicht mehr vorgeschlagen wird. Das gibt nicht nur die Gelegenheit darüber nachzudenken, warum das so geschehen ist, sondern es erzeugt auch Nachdenklichkeit darüber, dass man eventuell einen Weg ausgeschritten hat. Für mich war das etwa nach 13 Jahren einer politischen Funktion im Bereich der Stadt Wien die Erkenntnis, genauso wie ich nach fast acht Jahren Stabilitätspakt für Südosteuropa gewusst habe, dass ich eigentlich nichts mehr beitragen kann. Wenn man insgesamt 15 Jahre dem Europäischen Forum Alpbach gewidmet hat, ist es nur natürlich, dass man eher darum besorgt ist, die richtigen Nachfolger zu finden.

Ein einziges Mal war es nicht das Hirn, sondern der Bauch, der mich begleitet hat, nämlich bei meinem Ausscheiden aus dem österreichischen Parlament nach Verlust der Regierungs- und Parteifunktion. Hier habe ich instinktiv gefühlt, dass es gut ist, weil es mich gezwungen hat, neue Aufgaben zu suchen, worin ich eigentlich dann sehr erfolgreich war. Gelernt habe ich daraus, dass es für alle Aufgaben und Lebensabschnitte so etwas wie den »rechten Augenblick« gibt. Cicero schreibt einmal über sich selbst, dass er die Ämter »suo tempore« hatte. Ich habe viel Verständnis für diese Ansicht, weil sie auch etwas über die notwendige Veränderung sagt. Mein Gefühl, das mich vor allem begleitet hat, war immer das, ob ich auch dazu in der Lage bin und wie es gelingt, Möglichkeiten zu entdecken.

Was hat Sie bei dem Prozess unterstützt?

ERHARD BUSEK: Die beste Unterstützung habe ich jeweils durch Freunde erfahren, wobei ich gleich bekennen muss, dass ich immer der Meinung war, viel weniger Freunde zu haben, als es sich dann in Wirklichkeit herausgestellt hat. Unterstützt hat mich auch die bleibende Neugier, etwa im Sinne des lateinischen Wortes »cupidus rerum novarum«. Ich war in dieser Hinsicht immer auf der Reise und bemüht, etwas Neues kennenzulernen. Das hat mir neue Zugänge erschlossen, wobei die Veränderungen in Zeit und Gesellschaft eine ergänzende Herausforderung dargestellt haben. Ich habe relativ früh gelernt, dass quasi eine »Pragmatisierung« nicht sehr hilfreich ist und dazu führt, dass jene Talente, die man vielleicht auch hat, nie richtig gefordert sind. Natürlich war es mit

Unannehmlichkeiten verbunden, aber so richtig zornig war ich darüber nie – ich war eigentlich neugierig auf mich selbst!

Was ist Ihre Botschaft an Menschen, die in sich den Wunsch verspüren, ihr Leben verändern zu wollen? Oder auch damit konfrontiert sind, sich verändern zu müssen?

ERHARD BUSEK: Meine Botschaft zur Veränderung oder zum Verändertwerden ist die, die Herausforderung jeweils positiv anzunehmen. Man lernt immer irgendetwas dabei, vor allem auch andere Menschen kennen und sich neue Zugänge erschließen. Ich kann daher auch mit den üblichen Lebenseinteilungen nichts anfangen, denn auf eine gewisse Weise geht man immer in die Schule, befindet sich in Ausbildung, geht aber auch nicht in den »verdienten Ruhestand«. Ich halte im Gegenteil die Ruhe für unerträglich – wohlgemerkt nicht in dem Sinn wie es ein kirchlicher Text vermittelt, nämlich in sich selbst zu ruhen. Es ist wohl am besten, allen solchen Veränderungen das Beste abzugewinnen. Bislang ist es mir gelungen!

SONIA SEYMOUR MIKICH ist Journalistin und Fernsehmoderatorin. Als Korrespondentin und Leiterin von ARD-Studios profilierte sich Sonia Seymour Mikich durch Berichte aus Kriegsgebieten. Beiträge zu notwendigen Veränderungen waren und sind in ihrem Fokus als Leiterin des Fernsehmagazins *Monitor* und der Programmgruppe »Inland« beim WDR.

Frau Mikich, Sie haben sich in Ihrem Leben immer wieder neu entdeckt und entfaltet. Was haben Sie daraus gelernt? Was haben Sie dabei gefühlt? Und was hat Sie denn dabei unterstützt?

SONIA SEYMOUR MIKICH: Als Kind habe ich oft vom Fliegen geträumt, wunderschöne Bilder von Landschaften und das Gefühl von Macht. Je nach Armbewegung stieg ich hoch oder landete sanft. Entzog mich dunklen Verfolgern, rettete oder eroberte. Ich ahnte, dass die Adlersicht auf die Welt bekömmlich ist. Als Jahrzehnte später ein Vorgesetzter mich immer wieder ermutigte, Dinge zu probieren, zu wagen – think big –, passte es gut. Und so sind Veränderungen für mich ein Glück, nie angstbesetzt.

In meinem Beruf als Fernsehjournalistin war ich zunächst zurückhaltend, traute mir alles zu, was durch Fleiß und Kreativität erreichbar war. Aber nicht mehr. Ich vollzog, was journalistisch nötig war, eine im Team. Dann kam der Abzug der Sowjetarmee aus Afghanistan, 1989. Das Bild vom letzten sowjetischen General, der bei Termes über die Brücke am Grenzfluss ging, war unwiderstehlich historisch für mich. Weil die Kollegen im Studio Moskau nicht konnten (oder mochten), meldete ich mich freiwillig zur Kriegsreportage, packte schon die Sachen und sprach mich mit einem erfahrenen Kameramann ab. Vergeblich. Bürokratische Bedenken türmten sich, Absprachen mit dem ZDF wurden getroffen, Versicherungen waren seltsam schwierig zu bekommen – alles, damit das Mädel verhindert wird. Heute lachhaft angesichts der vielen Super-Kolleginnen, die in allen Genres der Auslandsberichterstattung, auch den härtesten, glänzen. Aber in diesen Wochen lernte ich, »Ich will« zu sagen. »Ich kann das.«

Trotzdem: Ohne dauerndes Fingerheben und Beanspruchen ging nichts. Ein wichtiger Faktor für meine Generation war die Förderung durch wichtige … Männer. Gerd Ruge, der mich als Korrespondentin nach Moskau holte. Die ehemalige Sowjetunion – was für ein Berichtsgebiet, was für eine Zeit. Ich glaube, ich war sechs Jahre lang 24 Stunden am Tag in Champagnerlaune, weil so viel passierte. Weil Geschichte tagtäglich geschrieben wurde. Weil ich Weltpolitik miterleben durfte, als Rohstofflieferantin fürs Verstehen. Mich später zur Leiterin des ARD-Studios in Moskau zu machen, war folgerichtig. Und ja, es half meinem Ruf sehr, dass ich harte Berichte in Tschetschenien und anderen Konfliktregionen machte.

Seitdem habe ich noch einige große Veränderungen erlebt, meist mit dem Beruf verknüpft. Die große Herausforderung war, 2002 das Politmagazin *Monitor* zu übernehmen. Mein Leben lang hatte ich mich für Auslandsthemen interessiert, war in England geboren und aufgewachsen, Tochter eines Jugoslawen und einer Deutschen. Reisen, fremde Menschen zu treffen, das Andere zu verstehen war wie ein Brennstoff für mich. Und nun Innenpolitik, Parteienpolitik. Und nun das investigative Handwerk und ein breites Kreuz gegen Anfeindungen entwickeln. Aber mein Bauchgefühl sagte »Ja«. Denn was macht freier als sich neu zu erfinden? Das Leben schenkt einem ein ganz frisches, unbeschriebenes Blatt Papier. Vielen Dank, Leben!

»Was ist Ihre Botschaft an Menschen, die in sich den Wunsch verspüren, ihr Leben verändern zu wollen? Oder auch damit konfrontiert sind, sich verändern zu müssen?«

SONIA SEYMOUR MIKICH: Intensität und Leidenschaft sind das Kapital eines Menschen, mehr noch als Sicherheit oder Positionen. Fehlermachen ist erlaubt, man kann Risiken lieben lernen. Und gelegentlich auch Störenfried sein. Störenfriede widersprechen gern und erlauben sich einen eigenen Blick auf die Welt.

Und so gehe ich mit meiner jüngsten großen Veränderung um: Im Sommer 2011 wurde ich krank, geriet in eine Großklinik mit dem Verdacht auf Krebs. Der bestätigte sich nicht. Dennoch wurde ich eilig operiert, wahrscheinlich voreilig. »Zur Vorsicht ein Stück Darm raus.« Danach ging vieles schief – bis hin zur Not-OP im letzten Augenblick, weil der Bauch lebensgefährlich verkeimt war. Die Folge: monatelanges Kranksein, ein künstlicher Darmausgang, Harnleiterkatheter und immer die Ahnung, dass dem Ganzen blöde Diagnosefehler oder zu viel Operationsfreude zugrunde lagen. Zum ersten Mal ertrug ich, die ach so Mobile und Willensstarke, Kontrollverlust und Hilflosigkeit. Mich auf andere zu verlassen war eine sehr schwere Übung, mochte ich doch die Einzelkämpferin sein. Die eigene Sterblichkeit habe ich wirklich begriffen, und Freunde behaupten, ich sei seitdem nicht mehr so hart; dies meinen sie als Kompliment. Und jetzt träume ich wieder in der Adlerperspektive der Kindheit und wache oft hochgestimmt auf: Womit kann ich heute abheben, was macht den Augenblick aus? So einfach zu fragen, das macht mich stark.

FREDA MEISSNER-BLAU ist Politikerin, Wissenschaftlerin und Autorin. Freda Meissner-Blau gilt als »Galionsfigur« der österreichischen Ökologiebewegung und Anti-Atombewegung. Sie war die erste Parteivorsitzende der österreichischen Grünen. Im Zentrum ihres Wirkens steht ihr Einsatz für gleichberechtigte Teilhabe, friedliches Zusammenleben der Menschen und der Erhalt des Planeten.

Frau Meissner-Blau, Sie haben sich in Ihrem Leben immer wieder neu entdeckt und entfaltet. Was haben Sie daraus gelernt? Was haben Sie dabei gefühlt?

FREDA MEISSNER-BLAU: Ich kann von mir nicht behaupten, dass ich mein Leben »immer wieder neu entdeckt und entfaltet« hätte. Ich habe ein volles und oft turbulentes Leben mit vielen Höhen und Tiefen gelebt, erst als Heranwachsende im Krieg (WK II), dann gegen Ende des Krieges als 17-Jährige auf der Flucht vor der Sowjetarmee waren es vor allem die von außen aufgezwungenen Verhältnisse, es handelte sich schlicht ums Überleben. Die zahlreichen Neuanfänge waren lehrreich, doch der Gedanke von »Entfaltung« fand da kaum Platz. Selbstreflexion allerdings lief vorerst unbewusst mit, fand später allerdings nahezu ständig statt, parallel zur Liebe, zur Mutterschaft, bei Trennungen, Abschieden, Erfolgen und Scheitern. Auch öffneten sechs Jahre Analyse einige Fenster zum Selbst. Gelernt? Mich zu ertragen, d.h. mit mir und anderen Menschen auszukommen und das Leben nach und nach als höchst interessantes und zunehmend erfreuliches Abenteuer zu erleben, das letztlich einem sinnvollen, aber zugleich in aller Widersprüchlichkeit einem unzumutbaren Ende entgegengeht.

Was hat Sie bei dem Prozess unterstützt?

FREDA MEISSNER-BLAU: Die als Kind nicht erlebte bedingungslose Liebe und Akzeptanz eines Menschen, bei dem ich mich mit all meinen Schwächen und Stärken vorbehaltlos angenommen fühlte, was mein anfangs eher schwaches Selbstvertrauen ungemein stärkte. Auch wohl die wachsende Einsicht, dass das Leben das ist, was man daraus macht, die ebenfalls half, um sehr schwierige Zeiten nicht nur zu überstehen, sondern zu begreifen, dass es Lösungen für fast alle Probleme gibt. Zugegeben, diese Lösungen sind kaum jemals offen ersichtlich.

Was ist Ihre Botschaft an Menschen, die in sich den Wunsch verspüren, ihr Leben verändern zu wollen? Oder auch damit konfrontiert sind, sich verändern zu müssen?

FREDA MEISSNER-BLAU: Es zu tun! Veränderung trägt Neues in sich, Altes, auch Liebgewordenes muss dafür aufgegeben werden. Die Gegenwart leben und die Zukunft umarmen. Und sich dafür einsetzen, dass letztere noch eine Chance des Lebens auch für unsere komplizierte Spezies auf unserem Planeten hat.

ELENI TOROSSI ist Journalistin und Schriftstellerin. In Athen geboren, lebt sie seit 1968 in München und Athen. Eleni Torossi arbeitet seit 1971 für den Bayerischen Rundfunk, schreibt Kulturbeiträge, Reportagen, Kindergeschichten und Hörspiele für mehrere Rundfunkanstalten. Ihre Geschichten sind in zahlreichen Anthologien und Schulbüchern erschienen.

Frau Torossi, Sie haben sich in Ihrem Leben immer wieder neu entdeckt und entfaltet. Was haben Sie daraus gelernt? Was haben Sie dabei gefühlt?

ELENI TOROSSI: Den Kampf gegen das Unglück habe ich bereits sehr früh aufgenommen. Ich bin bei einer gehörlosen Mutter aufgewachsen und lernte dabei, ihr die Welt zu vermitteln. Von meinen Lippen konnte sie alles ablesen. Es war eine schwierige Aufgabe für ein Kind, aber ich habe sehr gut gelernt zu beobachten, zu verarbeiten und weiterzugeben. Mit 19 Jahren bin ich aus Athen nach Deutschland ausgewandert und musste lernen, es mit der fremden Kultur, Umwelt und Sprache aufzunehmen. Mein Körper reagierte feindlich auf die fremde Umgebung und auch auf … mich. Ganz bald, mit 25 Jahren, bin ich an Krebs erkrankt. Wie kämpft man aber gegen eine tödliche Krankheit?

Ich habe ein Zwiegespräch mit dem Tod begonnen. Zuerst übte ich, mir den Schlaf als eine Art kleinen Tod vorzustellen: Wenn ich einschlafe, weiß ich doch nie, ob ich wieder aufwachen werde. Ich wusste auch, dass ich unbedingt in Erfahrung bringen musste, warum mein Körper so aggressiv auf mich und gegen mich reagiert. Oder reagiere ich aggressiv auf meinem Körper? Was mache ich falsch, wie ignoriere ich meinen Körper, so dass er sich dann rächt? Ich beschloss, dass ich ein gutes Werkzeug brauche, um damit mein Inneres zu erforschen und mich besser zu verstehen. Ich habe die Hilfe der Psychotherapie gesucht. Wie reagiere ich in schwierigen Situationen, wann fühle ich mich deprimiert, abgewertet, zurückgestoßen und welche Muskeln spanne ich automatisch an? Welche Teile meines Körpers lasse ich in diesem Moment absterben, welche Signale meines Körpers ignoriere ich?

Was hat Sie bei dem Prozess unterstützt?

ELENI TOROSSI: Unterstützt hat mich mein innerer Wille und meine Kraft, die zum Teil auch aus der Tatsache entsprang, eine Mutter zu haben, die in ihrem 13. Lebensjahr an Hirnhautentzündung erkrankte und für immer gehörlos blieb. Sie hat sich niemals über das große Unglück beklagt. Im Gegenteil, sie war offen für Sprachen, sie las viel und konzentrierte sich darauf, dass ihre Tochter Sprachen lernt und sich bestens auf das Leben vorbereitet.

Mir hat auch die Auswanderung geholfen: Im fremden Land war ich gezwungen zu kämpfen, um in der fremden Kultur zu überleben. Eines meiner Ziele war damals, Freunde zu gewinnen, deutsche Freunde. Das ist mir gelungen. Mein damaliger Partner half mir sehr, aber auch meine anderen Freunde. Nie fühlte ich mich in Deutschland allein. Die Sehnsucht nach meiner Heimat blieb trotzdem. Auch die Sehnsucht nach dem warmen Mutterschoß. Bis heute.

Der Krebs klopfte noch einmal an meine Tür. Ich war älter, schwächer, fürchtete mich vor dem »Älterwerden« und auch davor, dass ich nicht mehr so wie früher arbeiten kann. Wieder halfen mir meine Freunde, empfahlen mir den besten Arzt, begleiteten mich während des Aufenthalts im Krankenhaus und während der harten Zeit danach. Ich entschied mich, mich nicht gehen zu lassen. Ganz bald und während der ersten Zeit der Rekonvaleszenz leitete ich im Goethe-Institut Athen eine Podiumsdiskussion mit 600 Menschen, ehemaligen Gastarbeitern in Deutschland. Thema: »Was habe ich in Deutschland gewonnen? Welche positiven Erfahrungen habe ich mitgenommen und konnte ich im Heimatland umsetzen?« Bei dieser Arbeit fühlte ich mich stark und fröhlich.

Was ist Ihre Botschaft an Menschen, die in sich den Wunsch verspüren, ihr Leben verändern zu wollen? Oder auch damit konfrontiert sind, sich verändern zu müssen?

ELENI TOROSSI: Verlieren Sie keine Zeit! Beschäftigen Sie sich mit sinnvollen und erfreulichen Themen. Pflegen Sie Ihre Freundschaften, geben Sie Ihren Freunden zu verstehen, dass sie für Sie wichtig sind! Und: Achten Sie darauf, dass Sie von schönen Dingen umgeben sind. Vermeiden Sie alles, was Ihnen nicht guttut. Schönheit und sinnvolle Beschäftigung heilen!

RITA SÜSSMUTH ist Politikerin und Wissenschaftlerin mit weitgefächertem nationalem und internationalem Engagement. Rita Süssmuth war zehn Jahre Präsidentin des Deutschen Bundestages, Bundesministerin für Jugend, Familie, Frauen und Gesundheit und Abgeordnete des Deutschen Bundestages. Sie ist heute Mitglied und Präsidentin nationaler und internationaler Organisationen.

Frau Süssmuth, Sie haben sich in Ihrem Leben immer wieder neu entdeckt und entfaltet. Was haben Sie daraus gelernt? Was haben Sie dabei gefühlt?

RITA SÜSSMUTH: Sich immer wieder neu zu entdecken, gehört für mich zu den sozialen Grundrechten eines Menschen. Ich sehe das im Zusammenhang mit dem Konzept des lebenslangen Lernens und meiner Überzeugung, dass jeder Mensch, egal ob alt oder jung, einen wertvollen und nutzbringenden Beitrag im Zusammenleben einer Gesellschaft erbringen kann. Damit dieses Potenzial nicht verloren geht, bedarf es jedoch Steuerung und Angebote. Ich entdecke an mir selbst auch im Alter immer wieder die Freude darüber, etwas Neues zu lernen, neue Herausforderungen anzugehen. Was dabei besonders wichtig ist, ist der Austausch und der direkte Kontakt mit Menschen. Heterogenität schafft Kreativität und neue Eindrücke. Das gilt im Umgang mit anderen Kulturen, aber auch mit Geschlechtern und Altersgruppen. Ich lerne aus neuen Begegnungen, gewinne Erkenntnisse und Energie.

Was hat Sie bei dem Prozess unterstützt?

RITA SÜSSMUTH: Unterstützt hat mich meine Erziehung, vor allem durch meinen Vater, der mich immer wieder ermutigte, andere Wege zu gehen, neue Gedanken zuzulassen, wie auch mein Mann, der mir sowohl Freiheit als auch Rückhalt gab. Das bedeutet: Das familiäre Umfeld ist immens wichtig, damit die neue Freiheit nicht zur Belastung wird. Wirtschaft und Politik müssen hier Angebote schaffen und auf die neuen Anforderungen eingehen. Vereinbarkeit von Beruf und Familie ist das zentrale Thema für die Zukunftsfrage des demografischen Wandels mit all seinen Auswirkungen. Angebote der Kinderbetreuung, der Unterbringung, Förderung des Familiennachzugs und flexible Arbeitszeiten sind nur einige der Forderungen, auf die die Unternehmen mittlerweile allerdings auch verstärkt eingehen. Ich wünsche allen Kindern von heute, dass der elterliche Rückhalt so stark ist wie der, den ich von meinem Vater erhalten habe. Damit dieser Wunsch in Erfüllung geht, müssen die Bedürfnisse berufstätiger Eltern jedoch stärker berücksichtig werden.

Was ist Ihre Botschaft an Menschen, die in sich den Wunsch verspüren, ihr Leben verändern zu wollen? Oder auch damit konfrontiert sind, sich verändern zu müssen?

RITA SÜSSMUTH: Es gibt tatsächlich zwei Sichtweisen. Für die einen bietet die neue Arbeitswelt mehr Freiheit. Sie wollen sich nicht binden, wollen mobil sein, haben kein Problem mit befristeten Arbeitsverträgen und genießen die Möglichkeit, häufig den Arbeitgeber, immer öfter auch komplett den Beruf zu wechseln. Für andere bedeutet diese Erwartungshaltung einen enormen körperlichen und psychischen Stress. Freiheit kann Unsicherheit bedeuten. Auch ändern sich die Einstellungen im Lebensverlauf.

Die wichtigen Botschaften lauten einerseits: Es müssen genug Alternativen für alle Lebensentwürfe bereitgestellt werden. Der Schutz für diejenigen, die ihr Leben nicht verändern wollen, darf nicht abgebaut werden. Die zweite Botschaft lautet andererseits: Ein Neuanfang, sei er nun gewünscht oder unfreiwillig, ist schwierig, aber besser Neuanfang als unaufhörlich negative Erfahrungen durch Verbleib. Schöpfen wir Mut statt Ängstlichkeit aus dieser Feststellung!

PETER HUEMER ist Publizist, Journalist und Historiker, der kontroverse politische und gesellschaftliche Themen in österreichischen und internationalen Medien zur Sprache bringt. Als früherer langjähriger, Leiter der legendären Fernsehsendung »Club 2« gilt Peter Huemer als »Vorreiter« von Talkshows mit Renommee und als Verteidiger von Bürgerrechten.

Herr Huemer, Sie haben sich in Ihrem Leben immer wieder neu entdeckt und entfaltet. Was haben Sie daraus gelernt? Was haben Sie dabei gefühlt? Was hat Sie bei dem Prozess unterstützt? Und was ist Ihre Botschaft an Menschen, die in sich den Wunsch verspüren, ihr Leben verändern zu wollen? Oder damit konfrontiert sind, sich verändern zu müssen?

PETER HUEMER: Kurz zu den drei Fragen: Gelernt habe ich aus den Abstürzen in meinem Leben, dass man sich selber niemals als Opfer begreifen sollte – selbst wenn man eines geworden ist. Weil die Opferrolle einen selber vergiftet und die anderen ziemlich rasch langweilt. Was mich bei diesem Prozess unterstützt hat? Das abschreckende Beispiel von anderen, die die Opferrolle für sich angenommen hatten und in ihrem Unglück verharrt haben. Denen zuzuschauen, ohne raten zu können, war lehrreich. Und das ist drittens meine »Botschaft«: Sich selber, wenn irgend möglich, im Absturz nicht als »Opfer« verstehen. Dabei ist schon klar: Dies einem Gefolterten zu raten, wäre frivol. Auch in halbwegs geordneten Gesellschaften wird es nicht immer funktionieren. Und dennoch: Was uns Schmerz zu sein scheint, ist oft Wehleidigkeit. Darüber gilt es nachzudenken.

Es ist eine andere Veränderung, die mich jetzt in meinem Alter beschäftigt. Es hat ein bisschen gedauert, bis ich draufgekommen bin. Ich bin 1941 geboren und seit einigen Jahren ist der Tod mein Begleiter. Das ist er naturgemäß bei allen von allem Anfang an, aber Jahrzehnte lang hat das mein Handeln nicht wesentlich beeinflusst. Jetzt schon. Vor jedem Theater- oder Kinobesuch, vor jedem Buch, insbesondere den dickeren, stellt sich die Frage: Zahlt sich das in meinem Leben noch aus? Das ist keine traurige Frage und hat nichts mit Resignation zu tun. Es geht lediglich um die vernünftige Einteilung der verbleibenden Zeit, deren Dauer unbekannt ist. Denn spätestens mit siebzig sind wir uns unserer Endlichkeit bewusst – viel mehr als unseres Alters.

Weil wir nicht »alt« sein wollen, sondern höchstens »älter«. Das ist aber nicht mehr, sondern weniger: ein paradoxer Komparativ. Und weil wir Alter und Tod recht gut verdrängen können. Ich zum Beispiel lese nie etwas über das Sterben, obwohl es unübersehbar näher rückt. Ich werfe auch keinen Blick in die Seniorenzeitung, die man mir freundlicherweise zuschickt. Und das nicht nur, weil ich an Gemeinschaftsreisen mit Heizdeckenverkauf nicht interessiert bin, sondern weil ich grundsätzlich nicht interessiert bin. Ich will keine theoretischen Informationen über das Altwerden. Ich erlebe es in der Praxis. Es ist noch nicht arg, doch muss ich damit rechnen, dass es ärger wird.

Natürlich ist Altwerden eine große Herausforderung – schon deswegen, weil heute mehr als früher so viele Fallen damit verbunden sind. »Forever young«: wie peinlich! Noch schlimmer: »Man ist so alt, wie man sich fühlt.« Wer darauf hereinfällt, gibt sich vollends der Lächerlichkeit preis. Darum, ganz nebenbei, müssen sich die armen Jungen Metallstücke an alle möglichen und unmöglichen Körperteile heften, damit sie sich wenigstens darin von ihren in T-Shirts und Blue Jeans herumlaufenden Eltern und Großeltern unterscheiden können.

Man ist so alt, wie man ist. Und nicht so alt, wie man sich fühlt. Unbestritten ist, dass wir heute mit sechzig oder siebzig weniger alt sind als unsere Großeltern waren. Wir sind im Durchschnitt gesünder und vor allem: wir erleben uns anders. Altwerden ist für mich ein allmählicher Rückzug, aber kein Ausstieg. Die Arbeit hört nicht auf. Und das ist gut so, soll nicht eintreten, was auf einer Tagung zum Thema kürzlich zu hören war: dass die sozialen Konflikte in zwanzig Jahren mehr zwischen den Generationen als zwischen oben und unten ausgetragen werden würden.

Das hebt die Probleme mit oben und unten nicht auf. Natürlich sind die Umstände des Altwerdens eng mit oben und unten verknüpft. Als ich 56 war, hat einer aus meiner Volksschulklasse zum 50-jährigen Jubiläum unseres Schuleintritts ein Klassentreffen organisiert. Anwesend war zu meiner Überraschung auch die greisenhaft gebückte Mutter einer Mitschülerin. Es war aber nicht die Mutter, es war die Mitschülerin! Eine 56-Jährige, die wie 86 wirkte. Denn wie wir alt werden, ist eine Klassenfrage. Ein Kind ganz armer Leute, das ganz arm geheiratet hatte. Hier ist ein Begriff angebracht, den man im Übrigen vermeiden sollte: der des »Opfers«. Diese Frau war ohne Zweifel Opfer zutiefst ungerechter Verhältnisse geworden. Entsprechend sieht auch ihr Alter aus.

Und was schließlich die Vorbereitung auf das Sterben, diese letzte und größte Umstellung, betrifft: Vielleicht hilft hier das englische Sprichwort »Don't cross the bridge till you come to it.« Doch auch wenn ich nicht darüber nachdenken will, ändert das nichts daran, dass der Tod mein täglicher Begleiter geworden ist.

HALTUNGEN ENTSCHEIDEN

Biografische Weggabelungen von Rudolf Wimmer

RUDOLF WIMMER ist Mitgründer der Organisationsberatungsgesellschaft »osb international«, Vizepräsident und Professor an der Universität Witten / Herdecke, der ältesten deutschen Universität in privater Trägerschaft. Neben Berater- und Trainertätigkeit verfasst Rudolf Wimmer Publikationen u.a. zu General Management, Organisationsberatung, Strategieentwicklung und organisatorischen Veränderungen. Zusätzlich forscht er zu Familienunternehmen.

Ihn habe ich gebeten, sein Wissen aus dem Bereich des Veränderungsmanagements mit seinen Erfahrungen aus Prozessen des Sich-Ständig-Neuerfindens und Wiederentdeckens zusammenzufassen und sich gleichzeitig auf die vorherigen drei Fragen zu beziehen.

RUDOLF WIMMER: Ich entstamme einem kleinbäuerlichen Hintergrund, aufgewachsen in ärmlichen Verhältnissen als zehntes von elf Kindern, allerdings emotional wohlbehütet bei Zieheltern, die sich ausgesprochen liebevoll um mich sorgten. Aus Sicht der Familie wie auch der dörflichen Gemeinschaft war ich von klein auf für eine Missionarslaufbahn vorgesehen. Diese frühe Bestimmung ermöglichte mir den Besuch eines Internats und damit den Zugang zu einer fundierten humanistischen Bildung. Das Zusammenwirken verschiedener »glückhafter« Umstände eröffnete mir letztendlich dann die Chance, mich aus diesem familial religiösen Bestimmtsein zu befreien und weit weg vom bisherigen zu Hause in Wien meinen eigenen Weg zu suchen.

Ich studierte Jura mit einem Schwerpunkt auf dem Staats- und Verfassungsrecht und war fest entschlossen, auf diesem Gebiet eine wissenschaftliche Laufbahn zu realisieren. Doch die Erfahrungen mit der Studentenbewegung in Verbindung mit der Aufbruchsstimmung und Reformbegeisterung der Kreisky-Ära haben die Weichen in eine ganz andere Richtung gestellt. Der Elfenbeinturm des traditionellen Wissenschaftsbetriebs war mir zu eng. Ich wollte unmittelbar gesellschaftlich wirksam werden. Wiederum begünstigt durch eine Reihe von Zufällen erhielt ich die Chance, mich in dem Feld der gerade sich neu formierenden Gruppendynamik und Organisationsentwicklung zu professionalisieren. Ich habe schließlich mein Fachgebiet in Richtung dieser anwendungsorientierten Ausprägung sozialwissenschaftlicher Forschung und Praxis zur Gänze gewechselt, die Universität verlassen und die Existenzform der freiberuflichen Selbstständigkeit gewählt. Diese Spur führte dann Ende der 80er-Jahre ziemlich gleichzeitig zur Habilitation in meinem neuen Fachgebiet und zusammen mit der Ausprägung eines eigenständigen theoriegeleiteten Ansatzes von Organisationsberatung auch zur Gründung eines eigenen Beratungsunternehmens, das bis heute zu den erfolgreichen Pionieren dieses Feldes zählt. Damit hatte ich mir eine Existenzform geschaffen, die es mir erlaubte, mein unternehmerisches Gestaltungsinteresse mit intensiver anwendungsorientierter Forschung und einer entsprechenden Publikationstätigkeit zu verbinden.

Vor diesem Hintergrund ist es sicherlich kein Zufall, dass sich Ende der 90er-Jahre die Chance eröffnete, an der Universität Witten / Herdecke anzudocken, der ältesten deutschen Universität in privater Trägerschaft, von Anfang an zutiefst geprägt von einem unternehmerischen Selbstverständnis, um dort das gerade neu gegründete Institut für Familienunternehmen aufzubauen und auf nachhaltig tragfähige Beine zu stellen. Die erfolgreiche Entwicklung dieses Instituts wie des eigenen Unternehmens hätten es eigentlich nahegelegt, »beruhigt« in Rente zu gehen. Die Möglichkeit jedoch, aus der Rolle des Vizepräsidenten heraus die Geschicke unserer Universität aktiv mitzugestalten, hat mich dazu bewogen, mit Beginn 2013 in die Führungsverantwortung für diese nach wie vor hochinnovative Bildungseinrichtung zu gehen, die sowohl in ihrem Leistungsangebot wie in ihrer Finanzierung in einer extrem wettbewerbsintensiven Universitätslandschaft tagtäglich den Beweis ihrer Existenzberechtigung antreten muss.

Was habe ich aus den unterschiedlichen Verzweigungen meines bisherigen Lebens gelernt?

Ich habe schon in sehr frühen Jahren lernen müssen (dürfen), für mich selbst und meine Entwicklung die Verantwortung zu übernehmen. Ich bin sehr früh darin bestärkt worden, dass es besser ist, für sich und das eigene Wohlbefinden selbst Sorge zu tragen, als darauf zu hoffen, dass dies andere für einen tun. Zweifelsohne war es in diesem Zusammenhang eine mein weiteres Leben prägende Schlüsselerfahrung, als Jugendlicher die unterschiedlichsten Vorbestimmtheiten und Festlegungen meines sozialen Herkunftsmilieus überwinden und einen selbstbestimmten Weg in die eigene berufliche Zukunft einschlagen zu können. Mir ist auf diesem Weg allerdings relativ rasch klar geworden, dass mit diesem Aufbruch in eine ganz neue Welt ein hoher persönlicher Preis verbunden ist, wenn es nicht gelingt, eine lebendige Verbindung zu den eigenen Wurzeln herzustellen. Die Kraft, den Raum des Ungewissen zu betreten, die innere Zuversicht, sich in einem ganz anderen sozialen Umfeld erfolgreich zu verankern, entspringt aus dem Wissen um die eigene Herkunft. Es ist dies eine innere Gewissheit, die sich im Zuge einer intensiven Auseinandersetzung mit den eigenen Wurzeln und den spezifischen Ressourcen, die sich daraus schöpfen lassen, herausbildet und festigt. Erst das immer wieder von Neuem notwendige Durcharbeiten des eigenen Gewordenseins schafft ein halbwegs realitätsgerechtes Gespür für die spezifischen Möglichkeiten – aber auch für die charakteristischen Begrenzungen, die die eigene Lebensgeschichte für einen jeden von uns bereithält.

Darüber hinaus durfte ich durch wiederholte Erfahrung lernen, wie bedeutsam es für meine persönliche Entwicklung war und ist, mir immer wieder die Frage zu stellen, in welcher Welt lebe ich eigentlich gerade? Was sind die dominanten Themen unserer Zeit? Wie und durch welches Engagement will ich angesichts dieser Herausforderungen wirksam werden? Auf welche Weise kann und muss ich mich für dieses Wirksamwerden mit anderen verbinden? Ernsthafte Veränderungen sind nämlich stets das Ergebnis kooperativer Anstrengungen. Dies gilt zumeist und gerade auch dann, wenn man selbst Gegenstand des Veränderns ist. Meine Neugierde und mein bedingungsloses Verstehenwollen, was die Welt jeweils gerade bewegt, haben mich immer wieder mit Anhaltspunkten versorgt, wie und an welchen Stellen ich mich in die Verhältnisse so »einmischen« kann, dass über die Zeit die innere Sicherheit wächst, durch meine Arbeit einen sinnstiftenden Beitrag zu leisten.

Mit Blick auf die eigene persönliche wie berufliche Geschichte lassen sich meine »Learnings« etwas vereinfacht in die folgende Erkenntnis gießen: Weder die gesellschaftliche Entwicklung noch das eigene Vorkommen in derselben (im Sinne von Karriere) sind wirklich planbar. In diesem Sinne sollten wir klugerweise von Planung auf Evolution umstellen. Diese Umstellung verlangt sehr viel mehr Vertrauen in ein prozesshaftes Vorgehen und die Aufgabe der Vorstellung, man könnte mit Dirigismus und Druck auch noch so hehre Ziele durchsetzen. Demgegenüber braucht es eine entwickelte Sensibilität und Neugierde für das jeweilige situationsbezogene Chancenpotenzial des eigenen Umfeldes, den Mut, zufällige Gestaltungsgelegenheiten zu nutzen, und die Bereitschaft, Risiken in einem kalkulierten Ausmaß einzugehen.

Was hat mich bei all den Veränderungen und Umbrüchen unterstützt?

Wenn ich heute zurückblicke auf so ganz wesentliche Weggabelungen in meinem bisherigen Leben, so ist klar, dass es da einige zentrale Haltegriffe gegeben hat, die mir geholfen haben, über viele Klippen drüberzukommen. Genauer besehen haben diese Haltegriffe einen gemeinsamen roten Faden. Es sind die Haltungen, inneren Einstellungen im Umgang mit der »Widerspenstigkeit« des eigenen Selbst wie auch der einen umgebenden Verhältnisse, die es einem ermöglichen, letztlich an der Erfahrung der eigenen Unvollkommenheit zu wachsen. Zu diesen Haltungen zählen insbesondere:

- Das Wissen um die Unvermeidlichkeit von Rückschlägen, von schwerwiegenden Scheiternserfahrungen. Solche Erfahrungen sind ausgesprochen wertvolle Quellen des eigenen Lernens. Sie liefern die entscheidenden Impulse und Anstöße persönlicher Weiterentwicklung.
- Das Wissen um den eigenen Persönlichkeitskern, d.h. das Zurückgreifen auf ein belastbares Selbstkonzept, basierend auf der Erfahrung, sich selbst als wertvoll und liebenswert empfinden zu können. Dieses Selbstkonzept ist natürlich eine innere Resonanz auf Erfahrungen, die man mit sich selbst, eingebettet in sein jeweiliges soziales Umfeld, im Laufe der Zeit immer wieder machen konnte.
- Das Wissen um ein Netz an tragfähigen Beziehungen und kraftspendenden Zugehörigkeiten, ein Netz, in das man sich auch fallen lassen kann, wenn man selbst nicht mehr weiterweiß oder sich am Ende seiner Möglichkeiten sieht. Das eigene Aufgehobensein in einem solchen Beziehungsgeflecht ist nicht etwas, was einfach da ist. Darauf zurückgreifen zu können, braucht sehr viel pflegerische Sorgfalt und ein dauerhaftes persönliches Investment.
- Das Wissen darum, dass man selbst wirksam werden kann. Nichts ist auf Sicht motivierender als die wiederholte Erfahrung, sich im jeweiligen Verantwortungsbereich erfolgreich einbringen zu können. Deshalb ist dieses Wechselspiel von ei-

genem Gestaltungswillen und von Kontextbedingungen, in denen man etwas mit anderen gemeinsam bewegen kann, die Basis jeder Art von identitätsstiftender Sinnerfahrung.

Was ist meine Botschaft an Menschen, die sich in Veränderungsprozessen befinden (freiwillig oder durch äußeren Anstoß)?

Diese Frage gibt Anlass, einige bislang bereits angestellte Überlegungen zu bündeln. Was dabei herauskommt sind Einsichten, die uns schon seit Jahrzehnten im Umgang mit schwerwiegenden Veränderungen begleiten.

Gravierende Veränderungsnotwendigkeiten konfrontieren uns immer mit der Notwendigkeit, uns von liebgewonnenen Aspekten unserer bisherigen Identität zu verabschieden. Ein solcher Abschied fällt niemandem leicht. Deshalb wird zunächst häufig viel Kraft in den Versuch investiert, ihn zu vermeiden. Wir legen uns die Welt so zurecht, dass sie die gewachsene Identität stützt.

Dieser durchaus verständliche Leugnungsmechanismus erzeugt letzten Endes sehr viel Leid. Der erste Schritt in die Veränderung ist deshalb das innere Annehmen ihrer Unvermeidlichkeit und damit der Abschied von wichtigen Merkmalen, an denen man sich bislang festgehalten hat. Ohne diesen Abschied und die damit verbundene »Trauerarbeit« entsteht kein Raum für das Neue.

- Es ist in aller Regel ausgesprochen hilfreich, diesem Neuen »Zeit zu lassen«. Der Umbau dessen, wer man für sich selbst und die Welt »ist«, nimmt Zeit in Anspruch und ist ein hochkomplexer Entwicklungsprozess, auf den niemand einen planenden, »instruktiven« Zugriff hat. Dieses Einfach-geschehen-Lassen, dieses Warten-Können, was sich Schritt für Schritt herauskristallisiert, ist keine einfache Sache, wenn man nicht das Glück hatte, solche »Häutungen« schon mehrfach bewältigt zu haben. Deshalb ist es in solchen Phasen ausgesprochen unterstützend, in Kommunikationsbeziehungen eingebettet zu sein, in denen man die eigenen Unsicherheiten regelmäßig reflektieren und mit anderen teilen kann.

- Sobald man aus diesem inneren Umbauprozess heraus wieder festeren Boden betritt, d.h. sobald das veränderte Selbstkonzept im Wechselspiel mit den relevanten Bezugsgruppen und deren Rückkopplungen wieder klarere Konturen gewinnt, ist es an der Zeit, dieses Neue, diese anderen Aspekte der eigenen Identität wieder in den Gesamtzusammenhang des eigenen Gewordenseins zu stellen. Auf diese Weise schreiben wir unsere ganz persönliche Geschichte immer wieder neu. Es zählt zur Eigenart unserer hochentwickelten Gesellschaft, dass sie ihren Individuen keine vordefinierten Identitätsschablonen mehr anbietet. Jeder einzelne ist vor die Herausforderung gestellt, mit Blick auf die jeweiligen Lebensphasen immer wieder aufs Neue herauszufinden bzw. zu erfinden, wer man für sich selbst eingebettet in die ganz unterschiedlichen sozialen Bezüge jeweils »ist« und was an Kontinuität und Diskontinuität über die Zeit hinweg beobachtbar ist. Das Identische ist die immer wieder aufs Neue erlebte Überraschung des Noch-Nicht-Angekommen-Seins und das Annehmen der damit verbundenen Entwicklungsherausforderungen.

WAS MICH BEWEGT

Man muss den Dingen
Die eigene, stille,
ungestörte Entwicklung lassen,
die tief von innen kommt,
und durch nichts gedrängt
oder beschleunigt werden kann;
alles ist austragen –
und dann
Gebären …
Reifen wie der Baum, der seine Säfte nicht drängt
und getrost in den Stürmen
des Frühlings steht,
ohne Angst,
dass dahinter kein Sommer
kommen könnte.
Er kommt doch!
Aber er kommt nur zu den Geduldigen,
die da sind,
als ob die Ewigkeit vor ihnen läge,
so sorglos still und weit …
Man muss Geduld haben,
gegen das Ungelöste im Herzen,
und versuchen, die Fragen selber lieb zu haben,
wie verschlossene Stuben,
und wie Bücher, die in einer sehr fremden Sprache
geschrieben sind.

RAINER MARIA RILKE

DER FALL »B«

PROZESS EINER VERÄNDERUNG: WIRKLICHKEITEN UND GEFÜHLE – BILDER UND GESCHICHTEN

Mein eigener Prozess. Ich selbst bin ein Fallbeispiel, über das ich jetzt berichte: Erstaunlich war für mich die Intensität, mit der der Wunsch nach Veränderung bei mir wach geworden war. Zwar war ich es gewohnt, mit gesellschaftlichen Veränderungen umzugehen, aber mein tiefgreifender beruflicher und persönlicher Wandlungsprozess, mit dem ich in den letzten Jahren konfrontiert war, war überraschend weitreichend.

MEINE HERAUSFORDERUNGEN ANNEHMEN: FAKTEN UND GEFÜHLE

Am Anfang kaum wahrgenommen, wurde der Ruf nach Veränderung immer stärker und konnte nicht mehr in ein stilles, verstecktes Kämmerlein zurückgedrängt werden. Er wollte beachtet werden. Mich dieser Herausforderung zu stellen, war zum Teil bewusst entschieden, zum Teil unbewusst gesteuert. Der Druck äußerer Ereignisse, Schicksal und Zufall waren dabei.

In einer solchen Situation befinden sich viele Menschen. Immer mehr haben die Chance oder fühlen die Notwendigkeit, sich während ihres Lebens mit diesem Ruf nach Veränderung auseinanderzusetzen. Sei es auf Grund innerer Entwicklungen oder dem Druck äußerer Ereignisse folgend, manchmal schweren und manchmal leichten Herzens. In jedem Fall ist der Druck zum Wandel, der auf Grund der vielfachen Veränderungsprozesse unserer gesellschaftlichen, beruflichen und persönlichen Lebensbedingungen entstanden ist, für viele von uns gewachsen. Er ist ein Symptom unserer schnelllebigen Zeit, das fast jeden von uns betrifft. Damit sind nicht nur Belastungen und Verluste verbunden, sondern auch unerwartete Möglichkeiten geschaffen, sich selbst neu zu bestimmen.

Diese Möglichkeiten zu ergreifen und sich einem Veränderungsprozess bewusst auszusetzen, dazu will ich Mut machen. Ermutigen durch die Beschreibung meines eigenen Erlebens, meiner Verunsicherungen und Ängste, meiner Abschiede und Anfänge, meiner Hoffnungen und Neuentdeckungen. Ein Prozess, der zeigt, dass auch dann, wenn sehr vieles an Sicherheiten weggebrochen zu sein scheint, sich neue Tore und Türen öffnen. Ich kann Vertrauen haben, dass das Leben mich trägt und ich einen Weg finden werde – ohne in eine Depression abzugleiten. Bei meiner eigenen Expedition ins Unbekannte habe ich unerwartete Ressourcen entdeckt, die mir vorher nicht so klar waren und die bei Veränderungsprozessen hilfreich sind: eine andere Wertschätzung für Freunde und Spiritualität, Kunst und Körper, Gedichte und Musik. Auch der Blick auf die eigene Lebensgeschichte und auf das, was mich als Kind bezaubert hat. Und es waren meine Bilder – meine Malerei, die mir eine »Kunst der Veränderung« schenkte.

INSPIRATIONEN NUTZEN – MEINE BILDER UND GESCHICHTEN

Ein unerwartetes Geschenk und Erfüllung wurde für mich das Malen. Eine Quelle der Inspiration, überraschender Wahrnehmungen und sensibler Perspektiven, die ich Jahre vorher entdeckt hatte. Während meines Veränderungsprozesses folgte ich meinem inneren Impuls und begann wieder intensiv zu malen. Zuerst setzte ich mich in Bildern mit Themen auseinander, die mich aktuell bewegten. Dann tat ich etwas, was ich noch nie gemacht hatte. Ich schrieb zu jedem Bild und dem Thema, mit dem es sich befasste, eine kurze Geschichte. Von dem Ergebnis war ich fasziniert, denn ich spürte, dass sich beim Betrachten der Bilder und Schreiben der Geschichten meine Sichtweise auf mein Leben veränderte. Das wollte ich weiter vertiefen und mit den wichtigsten Erfahrungen, die ich in den letzten zehn Jahren bei der Bewältigung von Problemen gemacht hatte, verbinden. Ein ganzes Bündel an Erfahrungen und Erkenntnissen hatte ich gewonnen, die auch in Zukunft hilfreich sein könnten:

- die Notwendigkeit und das Bedürfnis, immer wieder Halt zu machen,
- dem Fluss des Lebens zu vertrauen und Dinge auch geschehen zu lassen,
- Menschen mit größerer, wacher Achtsamkeit gegenüberzutreten,
- Perspektiven zu wechseln und mich auf die Potenziale zu konzentrieren,
- Gedanken über die Realität nicht mit Realität gleichzusetzen,
- die Fragen zu lieben und mit ihnen unterwegs zu sein,
- nicht voreilig zu meinen, alle Möglichkeiten wären schon ausgelotet,
- Widersprüche nicht aufzuheben, sondern sie als Teil meines Lebens anzunehmen und als kreatives Potenzial zu nutzen.

- genau darauf zu schauen, was mir entgegenkommt: manchmal sind es Fragen anderer zum richtigen Zeitpunkt und am richtigen Ort, die neue Tore öffnen,

Diese Erfahrungen brachte ich in kleine Geschichten ein, die ich damals schrieb. Sie begannen – und beginnen – mit einem Problem, dann tritt ein unerwartetes Ereignis ein und die Situation verändert sich: Chancen und Potenziale werden deutlich. Eine Auswahl dieser Geschichten ist Teil dieses Kapitels. Sie werden begleitet von Bildern, die ich während dieses Prozesses, danach und davor gemalt habe. Beide Ausdrucksmöglichkeiten eröffneten mir ungewohnte Zugänge für meinen Veränderungsprozess, der sich zu gleicher Zeit in verschiedenen Bereichen und Ebenen abspielte. Die unterschiedlichen Ressourcen erwiesen sich als Wegweiser bei meiner Reise zu neuen Kontinenten. Eine Reise, die auch andere Menschen unternehmen oder unternehmen wollen, in unterschiedlichen Lebenssituationen und Lebensaltern. Ihre Erfahrungen und Wegweiser mögen anders aussehen und anders beschaffen sein – alles ist hilfreich, was unterstützt, vor allem ein liebevoller Umgang mit sich selbst. So ist meine Geschichte ein Fallbeispiel, das für viele steht und in dem sich der Ablauf eines solchen Entwicklungsprozesses widerspiegelt.

1. SCHRITT: ZEICHEN FÜR VERÄNDERUNG – AUCH DER ZUFALL SAGT »HALT«

Wie jeder Fall im Change-Management begann auch mein Prozess mit einer Situation, die nach Veränderung ruft: einem »case for action«. Es war ein Bündel ganz unterschiedlicher Aspekte in meinem Leben, die mich veranlassten, mich auf einen Prozess mit ungeahnten Auswirkungen und unsicherem Ausgang einzulassen, eine Expedition ins Unbekannte.

Mein Lebensplan schien klar vor mir zu liegen. Meine Erfahrungen im Menschenrechtsbereich und im Umgang mit kultureller, religiöser und ethnischer Vielfalt – kurz auch »Diversity Management« genannt – wollte ich weitergeben. Ein logischer Schritt und eine harmonische Entwicklung nach meinen früheren Tätigkeiten. Ich hatte Zusagen für eine Professur in Brügge und ein Buchprojekt zu diesen Themen. Unverdrossen wollte ich also weitermachen – bis mich unvermutet an einem Tag die Nachricht ereilte, dass Professur und Buchprojekt gestrichen worden waren, unabhängig voneinander und aus ganz unterschiedlichen Gründen. Brügge hatte zu wenig Studenten für meinen Bereich und mein Buchprojekt fiel dem Schock der Finanzkrise im Herbst 2008 zum Opfer. Wie es in solchen Situationen üblich ist und dem Empfänger schlechter Nachrichten meist geschieht: Ich versuchte die Bedeutung dieser parallelen Absagen erst einmal wegzudrängen. Doch Freunde fragten nach meinen weiteren Plänen. Ich erzählte von meinem Verlustdesaster, das ich locker nehmen wollte nach dem Motto: »Stört das einen großen Geist, wenn neue Chancen schon an der nächsten Ecke lauern?« Beim Erzählen geschah das Unerwartete. Ich stolperte über einen Stein. Er war nicht groß, aber wie vom Blitz getroffen fiel ich der Länge nach hin. Keine schwerwiegenden Verletzungen, aber es war ein Schock. Als ob der Schock der beiden Absagen sich zu einem körperlichen Schock umgeformt hätte und zu einem Zeichen geworden wäre. Ein Zeichen für die Frage, was soll eigentlich noch alles passieren, damit ich aufhöre, unverdrossen weiterzumachen, und endlich eine Pause einlege? Ein Zeichen für die Fragwürdigkeit des vermeintlich bereits entschiedenen Weges.

Ich begriff dieses kleine, scheinbar unbedeutende Ereignis als ein solches Signal und nahm es an. So beschloss ich, das zu tun, was mir am schwersten fällt: Halt zu machen und mich mit Fragen auseinanderzusetzen, die wohl betrachtet werden wollten: »Will ich mehr vom Gleichen? Oder will ich vielleicht noch etwas ganz anderes in meinem Leben entwickeln und erfahren?« Schwierige und grundlegende Fragen, bei denen die Antwort nicht im Schnellverfahren zu finden ist. Ich brauchte Zeit zur Orientierung – zur Neuorientierung für meinen weiteren Weg. Mein Leben und meine Person wollte ich auf den Prüfstand stellen. Die innere Stimme, die nach dem Unbekannten, der Veränderung rief, hatte nicht nur unerwartete Töne ausgesendet, sondern sie waren auch gehört worden. Von meinen Füßen, meinem Körper, meinem Kopf – und meinem Herzen.

Aber auch Motivationen, die mich lange Zeit geprägt hatten, hatten mittlerweile ihre Kraft verloren. Getrieben über Jahrzehnte von dem heimlichen-unheimlichen Drängen, große und oft fast unmögliche Aufgaben erfüllen zu müssen oder zu wollen, konnte ich jetzt meine Atemlosigkeit und meine Belastung wahrnehmen. Die Belastung äußerte sich nicht nur in einer ständigen Unruhe, gepaart mit körperlicher Erschöpfung, sondern hatte auch zu einer Art »Tunnelblick« geführt. Immer auf Aufgaben konzentriert, die es vermeintlich zu erfüllen gab, war der Blick von den Menschen, die mich umgaben, mehr und mehr abgeschweift. Fast unbemerkt war gleichzeitig eine tiefe Sehnsucht nach Leichtigkeit und Veränderung von Lebensmustern gewachsen.

Nicht zuletzt kam mein Lebensalter hinzu, das mich zu der Auseinandersetzung mit Alter und auch Tod zwang. Ich wusste, dass ich mit Ende 50 / Anfang 60 vielleicht eine letzte Möglichkeit hatte, vollkommen neue Wege zu gehen und mich mit grundlegenden Fragen auseinanderzusetzen. Dieses Gefühl war auch ein schmerzliches. Die Endlichkeit meines Lebens schwang bei allem Nachdenken und Vorfühlen wie ein Resonanzboden im Hintergrund mit.

Der Wunsch nach Veränderung hatte sich schon länger angekündigt. Aus Notizen, die ich drei Jahre vor der Entscheidung, Halt zu machen, niedergeschrieben hatte und die mir durch Zufall wieder in die Hände gefallen waren, kam dieser Wunsch deutlich hervor. Ich hatte damals schon mit Suchbewegungen begonnen und mich in meinen Bildern mit meiner Zukunft auseinandergesetzt, Bücher zu den Themen Abschied und Versöhnung, Selbsterfahrung und Selbstwahrnehmung gelesen, doch diesen beunruhigenden Fragenkomplex dann zur Seite geschoben. Ohne Erfolg, denn er wirkte fort. So war ich aber unbewusst besser auf den Veränderungsprozess vorbereitet, als ich selbst ahnte.

Auch mein berufliches Wissen und meine Erfahrungen hatten mich gut ausgestattet. Um seelische Krisen gut zu überstehen, wusste ich, kommt es auf eine gute Selbsteinschätzung an, auf die Fähigkeit, mich selbst steuern und mit Stress relativ angemessen umgehen zu können. Wenn ich dann noch sozial gut eingebunden bin, die Erfahrung gemacht habe, etwas bewirken und Probleme lösen zu können, bin ich gut gerüstet für meine Expedition ins Unbekannte. Mein Koffer schien jedenfalls mit den notwendigen Ressourcen für diese Reise ausgestattet zu sein.

Verstärkt wurde diese Sicherheit und Klarheit dadurch, dass ich meine Idee, Halt zu machen und mich neu zu orientieren, in ein Follow up einer früheren Managementausbildung eingebracht hatte. Während dieses Seminars stellte ich meine Situation selbst als »Fall« vor und fragte, wie denn ein solcher Prozess normalerweise ablaufen würde. Aspekte der damaligen Antwort finden sich in den folgenden Seiten. Vieles ereignete sich so, manches kam aber auch ganz anders, war tiefgreifender und beunruhigender, unerwarteter und erfüllender.

Beunruhigend und hilfreich zugleich waren meine Zweifel, die mich ständig während dieses Prozesses begleiteten. Sie wurden zu einer »inneren Stimme« von mir, die mich kommentierte, mein Verhalten hinterfragte, aber mir auch eine eigene »Helikopterperspektive« gab. Auch sie wollte gehört werden. Und ist jetzt hier zu hören:

INNERE STIMME:

Was machst du denn da? Halt machen? Hast du denn keine Angst, aus dem ganzen System rauszufliegen? In deinem Alter? Man kann an dieses Problem doch auch anders rangehen, zum Beispiel Urlaub machen, sich psychologische Hilfe holen, den beruflichen Einsatz zurückfahren – oder einfach weitermachen wie bisher? War doch gar nicht schlecht! Oder gibt es tatsächlich noch gar nicht richtig erforschte Kontinente, die in Ruhe betrachtet werden wollen? Wie zum Beispiel ein neuer Einklang zwischen Innen und Außen – Unabhängigkeit von der Spiegelung Anderer?

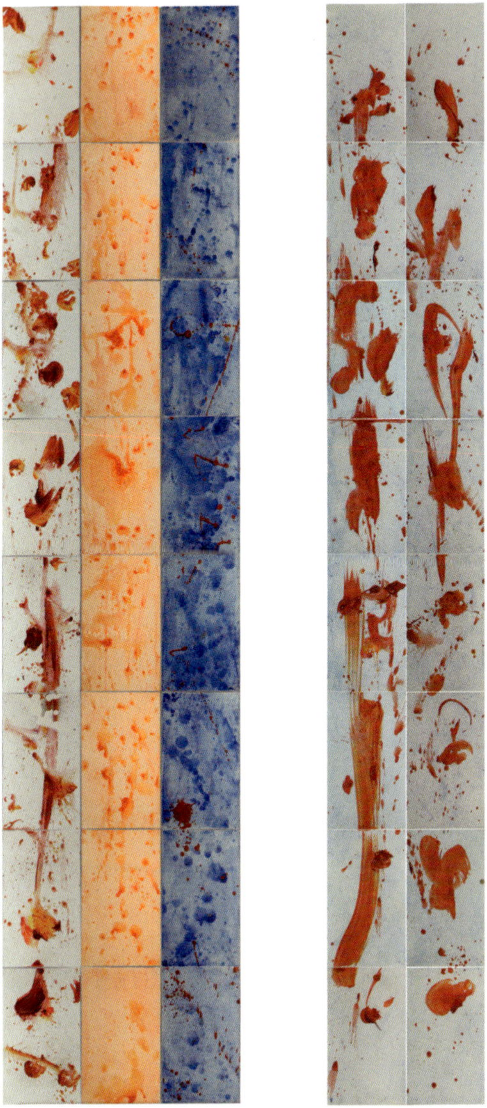

Ein Eindruckschinder ging durch die Welt

Ein Mann ging ganz bedeutend durch die Welt. Viel hatte er erreicht in seinem Leben, viel hatte er getan, viel hatte er erlebt. Er war von allem – viel. Er wollte jemand sein, viel sein. Er wusste nicht, woher dieses Gefühl kam, dachte auch gar nicht darüber nach, es war einfach da, dieses Gefühl, etwas darstellen zu müssen. Er kannte es gar nicht anders, es war ein Teil seiner Selbst, eine eigene, innere Kraft. »Bedeutend sein, ja, das ist das Glück«, sagte der Mann zu sich selbst und atmete tief ein, genüsslich an seiner dicken Zigarre lutschend. Und auf ging es zu neuen Taten. Er entwickelte die großartigsten Projekte, baute Staudämme in kargen Ländern, gründete Unternehmen mit fleißigen Mitarbeitern, die Ameisen hätten Konkurrenz machen können, kletterte hurtig auf ferne, unbekannte Gipfel, wo er immer der Erste sein wollte. Umso enttäuschter war er, wenn er Fußstapfen von Menschen entdeckte, die schon vor ihm dagewesen waren. »Ach«, sagte er dann zu sich, »verdammte Hacke, schon wieder eine verpasste Gelegenheit, meine Einzigartigkeit zu zeigen. Doch, was soll's, auf zu neuen Taten!« Und wieder entwickelte er die faszinierendsten Projekte, die kaum einer für möglich gehalten hatte und von denen er voller Stolz erzählen konnte: Wie er wieder die Welt erfolgreich gerettet hätte, die eigentlich gar nicht gerettet werden wollte. Er wollte eben Eindruck machen. Ständig Eindruck schinden. Ach, ein typischer Eindruckschinder – wie anstrengend.

So war der Mann, der Eindruck schinden wollte, nicht nur anstrengend für andere, er war vor allem anstrengend für sich selbst. Ständig auf Achse, immer umhüllt von einer Wolke der Bedeutung, war er nie richtig zufrieden. Konnte nicht auf all das, was er erreicht hatte, mit Genuss oder einem Gefühl der Erfüllung blicken. So sehr war er auf die Bestätigung der anderen angewiesen, dass er, wenn sie ausblieb, sich innerlich leer und unbedeutend fühlte. Dieses Gefühl war schrecklich und machte ihn trotz all der vielen Menschen, die er liebte und die ihn liebten, innerlich immer einsamer. Kein Wunder, wenn man immer meint, bedeutend sein zu müssen und nicht sehen kann, was das Leben schenkt – neben all den großen und kleinen Problemen, mit denen jeder konfrontiert ist. Kein Wunder, wenn man so nach Anerkennung von Anderen hechelt, dass kaum ein ordentlicher Hund mehr mitkommt. Kein Wunder, wenn man immer glaubt, groß sein zu müssen und nicht klein sein kann. Und so nutzlos, denn unser Mann, der so gern Eindruck schindete, war gar nicht so klein, dass er sich so groß hätte machen müssen.

Doch der Mann, der Eindruck schinden wollte, hätte noch viele Jahre weiter so gelebt, wenn ihm nicht eines Tages ein großes Unglück widerfahren wäre, das zu seinem unverhofften Glück wurde. Das kam so: Eines Tages unternahm der Mann wieder eine große Reise in ferne Gefilde, in denen vorher noch nie ein Mensch gewesen war. Er packte seine Koffer, vergaß den Kompass und das Fernglas nicht und bestieg frohgemut ein Schiff. »Endlich werde ich die große Entdeckung machen und einen Ort erforschen, an dem noch nie ein Mensch war! Ich werde die Welt damit zum Staunen bringen! Endlich!«, sagte er zu sich, als das Schiff ablegte und in den weiten Ozean schwamm, der voller Verheißungen war. Der Mann war in heller Aufregung und Vorfreude auf all das, was bald geschehen würde, und malte es sich schon in glühenden Farben aus. Ganz verträumt sann er vor sich hin, bis plötzlich ein gewaltiger Sturm aufkam. Der Himmel wurde von einer Sekunde zur anderen grau, das Meer verfinsterte sich, fast wurde es Nacht. Der Sturm wurde stärker und immer stärker, die Situation gefährlicher und immer gefährlicher. Wellenberge türmten sich auf. »Passagiere unter Deck«, schallte es aus den Lautsprechern, »Passagiere unter Deck!« Doch der Mann, der so gern Eindruck schindete, blieb auf dem Deck. Er blieb, weil er das alles hautnah miterleben wollte, um es den Menschen, die er so gern beeindrucken wollte, später zu erzählen. Wie er ganz allein auf dem Deck den furchtbarsten Winden und Wellen getrotzt hätte. Dramatisch würde er die Situation ausmalen. »Ach«, sagte er sich, »wird das wunderbar werden!« Doch falsch gedacht. Plötzlich kam ein heftiger Windstoß, der den Mann vom Deck fegte und ihn – ehe er es überhaupt begreifen konnte – in den tobenden Ozean schleuderte. Voller Verzweiflung schrie und schrie er, aber keiner konnte ihn hören. Der Wind heulte zu laut. In Panik schwamm und schwamm er. Stunde über Stunde. Immer erschöpfter wurde er und immer verzweifelter. Fast gab er auf. Doch plötzlich – oh Wunder – sah er Land. Land, köstliches Land, das ihm Boden unter den Füßen geben konnte. Ganz ermattet erreichte er den Strand, taumelte aus dem Wasser, sank hin und schlief sofort tief ein.

Nach vielen Stunden erwachte der Mann, der so gern Eindruck schindete, von der Sonne. Er stand auf und ging los, um zu erkunden, wo er war. Lief einfach am Meer entlang, um das Neue zu entdecken. Er staunte. Innerhalb kurzer Zeit war er wieder an der gleichen Stelle. Wieder ging er los und wieder kam er binnen Minuten an der gleichen Stelle an. »Ich bin auf einer ganz kleinen Insel gelandet«, sagte er zu sich. Er ging wieder los, diesmal landeinwärts. Schnell entdeckte er, dass niemand auf dieser Insel lebte. Doch sie war voller Früchte und Quellwasser zum Baden und zum Trinken. Als er seine erste Verzweiflung überwunden hatte, merkte er, welchen Frieden diese kleine Welt ausströmte. Welche Reichtümer es hier zu entdecken gab.

Der Mann, der so gern Eindruck schindete, spürte langsam und auch zaghaft ein Gefühl des Glücks. Glücklich, weil er überlebt hatte und jetzt diese Köstlichkeiten genießen konnte. Er hatte eine eigene, kleine Welt ganz für sich allein. Niemand war da, auf den er Eindruck machen konnte. Da war nur er selbst. Plötzlich wurde ihm klar: Er hatte Zeit – Zeit für sich. Zeit über sein Leben nachzudenken, Zeit zu fühlen, was ihm fehlte und was er brauchte. Sein ganzes Leben ging ihm durch den Kopf, all die Anstrengungen, die er unternommen hatte, um auf andere Eindruck zu machen. Er entdeckte, wie sehr er sich von der Bestätigung anderer abhängig gemacht hatte. Er sah, wie wenig er seiner eigenen Wahrnehmung, seinem besonderen Zugang zum Leben vertraut hatte und nicht bei sich selbst geblieben war. Er hatte den Blick auf das, was er war und was ihn glücklich machte, verloren gehabt. Verloren an einem geheimen Ort und zu einer geheimen Zeit.

Seine Gedanken erzählten ihm aber auch, wie sehr sein Bedürfnis, »viel« zu sein, ihn reich gemacht hatte – reich an Wissen und Erfahrungen, an Gefühlen und Wahrnehmungen, an Neugier auf das Leben. Er lauschte seinen Gefühlen und spürte, wie sehr ihm die anderen Menschen fehlten, wie sehr er den Austausch mit ihnen jetzt vermisste. Tief in seinem Inneren gewann er eine neue Klarheit. Er wollte und konnte gar nicht mehr auf andere Eindruck machen. Ja, er brauchte es auch nicht. Ganz langsam wuchs in ihm der tiefe Wunsch, bei sich zu bleiben und gleichzeitig sich anderen zu öffnen und zu zeigen, was er denkt und fühlt, woran er glaubt und wovon er träumt. Weit weg von der Welt, in der er gelebt hatte, war er bei sich angekommen – und bei anderen Menschen. Für einen Moment – mehr kann es auch nicht sein. »Ach,« seufzte er, »mit diesem Wissen möchte ich wieder in mein Leben eintauchen, Menschen anders erfahren, mich auf das, was mir begegnet, wirklich einlassen.« Sein Wunsch wurde immer klarer und stärker, immer tiefer und inniger. Und da Wünsche in Erfüllung gehen können, ging auch sein Wunsch in Erfüllung. Das Leben führte ihn zurück zu den Menschen, denen er mit anderen Augen begegnete – offen und mit Liebe, mit Achtung und Achtsamkeit für das, was sie waren und sind – ohne Eindruck schinden zu müssen. Doch wie das geschah, bleibt ein Geheimnis, weil das Leben nun einmal voller Geheimnisse ist.

2. SCHRITT: ABSCHIED NEHMEN UND TRAUERN – DAS ALTE LOSLASSEN

Kein Geheimnis war für mich die Bedeutung des Abschiednehmens. Von meinen Erfahrungen her – vor allem durch meine Ausbildung im Managementbereich, meiner eigenen Psychoanalyse und Lebenserfahrung – wusste ich, wie wichtig es in einer solchen Situation ist, gut Abschied zu nehmen und zu trauern. Nur dann, wenn ich mich intensiv mit Abschied auseinandersetze und trauere über das, was ich verlasse, würde ich ein Gefühl der »Rundung« haben. Ansehen, trauern und loslassen auch von dem, was mir nicht gelungen ist. Nur mit einem bewussten Abschiednehmen würde ich abschließen können und Kraft für eine neue Lebensphase haben. Es war ein Abschied auf Raten.

Abschied 1: Von dem Zeitpunkt an, an dem klar war, dass ich die Agentur verlassen würde, konzentrierte ich meine Energie auf die Veränderungssituation, in der sich die Agentur unabhängig von mir befand. Es waren sachliche und persönliche Aspekte, die ich zu berücksichtigen hatte. Die Agentur selbst befand sich in einem tiefen Wandel. Die Europäischen Regierungschefs hatten beschlossen, unser Mandat zu erweitern: von der Europäischen Beobachtungsstelle von Rassismus und Fremdenfeindlichkeit zur EU-Grundrechtsagentur. Diese Erweiterung war von mir selbst von Anfang an angestrebt worden, weil ich allein den Namen dieser Agentur für kontraproduktiv hielt. Wer wird denn schon gern von einem Europäischen »Watchdog« angerufen, der Rassismus, Fremdenfeindlichkeit und Antisemitismus beobachtet? In der Ausweitung und Vertiefung unseres Mandats lag eine Anerkennung der Arbeit aller Mitarbeiterinnen und Mitarbeiter, die Sicherheit hätte geben können. Trotzdem gab es einige tiefe Verunsicherungen.

Es war ein ganzes Bündel von Initiativen, die ich ergriff: Veränderung der Mitarbeiterverträge von befristeten zu unbefristeten, um Sicherheit in dem Veränderungsprozess zu schaffen, eigene oder externe Evaluierungen in meinen Verantwortungsbereichen, Erarbeitung von Empfehlungen für die Zukunft, Konzepte für die Erweiterung des Mandates. Dankesbriefe an meine Kontaktpersonen und Partner während der letzten Jahre. Dieses verband ich mit der Formulierung von Empfehlungen für die zukünftige Arbeit im Bereich von Migration und Integration, kultureller Unterschiedlichkeit und Fremdenfeindlichkeit – eine Art politisches Testament. Diese Zeit des Abschiednehmens und der Trauer, die damit einherging, bewegte mich sehr – gerade weil ich die erste Mitarbeiterin der Agentur gewesen war und ich sie von null aufgebaut hatte. Mit allen Vor- und Nachteilen, die das hatte, war ich dadurch engstens mit ihr verbunden. So ging ich wieder an alle wichtigen Orte meines Wirkens, um Bilder und Erfahrungen, die ich dort erlebt hatte, noch einmal zu spüren – und um sie dann loszulassen. Mit meinen anfänglichen Ansprüchen und dem tatsächlich Erreichten konfrontierte ich mich. Ich schaute mir an, was mir alles nicht gelungen war – aber noch mehr, was mir geglückt war. Manchmal ganz unerwartet und mit der Unterstützung von vielen Menschen. So hatten sich in Krisensituationen vermeintliche Gegner als äußerst hilfreich erwiesen. Aber auch einflussreiche Unterstützer waren an meiner Seite und erweiterten mein Verhaltensrepertoire. In einer »Schlangengruben-Situation«, so meine Bezeichnung für Intrigen, hatte ich beispielsweise den weisen Rat bekommen: »Beate, jetzt heißt es Ohren anlegen – wie der Hase in der Furche«. Eindeutig eine Neuerung meines Verhaltensspektrums. All die unterschiedlichen Erfahrungen und Ereignisse ließ ich auf mich wirken und: ging.

Ein paar Wochen später – als die Erlebnisse in der Agentur immer noch in meinem Kopf rumschwirrten – schrieb ich meine Erfahrungen auf, die ich in dieser EU-Organisation gemacht hatte. Diesen permanenten Film, der innerlich ablief, wollte ich endlich loswerden. Negative Erlebnisse flossen aus meiner Feder und formten sich um in wichtige Lebenserfahrungen. Die positiven Aspekte schaute ich mir noch einmal an. Resümeeartig begriff ich, was ich jeweils daraus gewonnen und was ich daraus gelernt hatte. Mit dieser Auseinandersetzung hatte meine Vergangenheitsbewältigung ihr vorläufiges Ende erreicht. Der tägliche Gang in mein eigenes Museum fand nicht mehr statt.

Abschied 2: Er ereignete sich etwas mehr als ein Jahr später. Es war der Abschied von der EU-Kommission, von Brüssel, von den Menschen, denen ich dort begegnet war. Dieser Abschied hatte aber längst nicht die tiefe Dimension wie der vorherige. Von Anfang an hatte ich gewusst, dass es sich um einen befristeten Zeitraum handeln würde. Und doch war es ein Abschied, der tiefgreifend war. Dreißig Jahre hatte ich in festen Strukturen gearbeitet – die ich auch mit großer Lust und Fantasie zu unterwandern verstand. Ich war eingebunden gewesen in Organisationen, hatte mit anderen Menschen gemeinsam neue Ansätze und Perspektiven im Menschenrechtsbereich entwickeln können. So konnte ich die »Macht« von Organisationen für meine Arbeit und mein Engagement nutzen, hatte ungewöhnlich viel lernen und erfahren und nicht zuletzt inspirierende, kluge Menschen kennenlernen können. Manchmal aber auch das Gegenteil: Intrige, Unfähigkeit und Neid. Es war auch ein Abschied von Gestaltungsmöglichkeiten auf europäischer Ebene und von der Zusammenarbeit mit Menschen unterschiedlicher Herkunft, Sprache und Kultur. An der »Laborwerkstatt Europa« mitwirken zu können, war zwar anstrengend und konfliktreich, viel stärker aber in einem ganz hohen Maß faszinierend, inspirierend und erfüllend.

Abschied 3: Die Nachricht, dass Professur und Buchprojekt gestrichen worden waren, löste den Entschluss aus, zu meinem bisherigen beruflichen Umfeld grundsätzlich auf Distanz zu gehen. Mir wurde bewusst, dass ich mich in eine neue Lebensphase begeben hatte – auch auf Grund meines Alters. Mir war klar, dass mir die Welt mit knapp 60 Jahren nicht mehr vollkommen offenstand. Eine schmerzliche Situation. Aber nicht nur das: Ich wurde mir der Endlichkeit meines Lebens immer bewusster. So wollte ich eine Art Zwischenbilanz ziehen und spüren, was ich denn noch wirklich leben möchte. Was mein »Wesenskern« war und ist, der sich in all den stürmischen Jahren gebildet oder auch verbildet hatte. Ich wusste, dass ich nichts mehr zu erfüllen hatte. Keine familiären Erwartungen, Rollen oder eigene Karrierefantasien, die auch zu einem Leben voller Konkurrenz und wenig Leichtigkeit geführt hatten. Jetzt konnte ich mich auf eine Wanderschaft nach innen begeben, um mit fühlendem Verstand und denkendem Herzen eine größere Klarheit zu erhalten, was ich noch sein kann und werden möchte.

INNERE STIMME:

Abschied nehmen, will ich das wirklich? Und muss ich in einer solchen Situation wirklich trauern? Versperre ich mir durch das Abschiednehmen und Trauern nicht auch die Möglichkeit, doch wieder weiterzumachen im vertrauten Bereich? Werde ich dadurch nicht vielleicht ein alter Trauerkloß? Verkrieche ich mich noch tiefer gerade in einer Situation, in der ich Energie und Überzeugungskraft brauche? Aber vielleicht hat es auch große Vorteile, gut Abschied zu nehmen und bewusst zu trauern, sich mit Schwerem auseinanderzusetzen, um eine neue Leichtigkeit zu leben?

Zwei Schmetterlinge, die zusammen reisten

Zwei Schmetterlinge reisten durch die Welt. Beide waren verletzlich und wunderschön. Der eine geheimnisvoll und dunkel – ein Pfauenauge –, der immer die Tiefe und die Probleme in seinem Leben sah. Der andere hell und leicht – ein Zitronenfalter –, der den anderen gern auf der Nase herumtanzte und doch nie zu erhaschen war. In all ihrer Verschiedenheit hatten beide Schmetterlinge sehr viel gemeinsam. Beide gingen gern auf Reisen, um die Welt zu erkunden. Um duftende Rosen zu bewundern, an denen sie vorbeiflogen, und lockende, ferne Hügel anzuflattern, die sie neugierig machten auf das Unbekannte. Das war kein Wunder, denn die beiden Schmetterlinge waren Brüder. Brüder, die beide das Reisen liebten, doch selten zusammen reisten. Gemeinsames Reisen war schwierig. Jeder sah, was der andere hatte und hätte es auch gern gehabt. Der Zitronenfalter wollte nicht leicht sein: »Es wäre doch viel schöner und ich würde um so vieles mehr geliebt, wenn ich die Tiefe des Pfauenauges hätte.« Und das Pfauenauge dachte: »Ach, wäre ich doch ein Zitronenfalter und könnte so leicht und heiter durch den Tag schweben und müsste nicht immer diese Schwere mit mir herumflattern lassen.« So sahen die beiden Schmetterlinge nur das, was der andere hatte, und nicht, welchen Reichtum jeder selbst in sich barg. Die beiden Schmetterlinge hatten auch noch ein anderes großes Pech. Gingen sie allein auf Reisen und trafen andere Schmetterlinge, sprachen sie in großer Runde von der Schönheit und den Begabungen des jeweils anderen. Sein Bruder sei so kostbar, er sollte doch auf ihn aufpassen. Das verletzte beide. Jeder wollte geliebt werden und umfangen sein von zärtlichen Gedanken, die uns wachsen lassen. Sie konnten sich nicht vorstellen, dass jeder besonders war und das Herz der anderen erfreute. Sie waren zu klein und kannten die Welt noch nicht.

Das Leben der beiden Schmetterlinge wurde immer anstrengender und verbissener. Beide wollten etwas sein, was sie nicht waren, und konnten nicht darüber sprechen. Nur in ganz wenigen Momenten öffneten sie sich und zeigten, wie sehr sie den anderen liebten und brauchten. So flatterten die beiden Schmetterlinge schließlich nicht mehr leicht und tänzerisch zwischen den Sonnenstrahlen hin und her, sondern taumelten und wurden immer erschöpfter.

Bis eines Tages das wunderschöne, tiefgründige Pfauenauge starb. Starb, weil es nicht das Gewitter gesehen hatte, das sich hinter der grellen Sonne verborgen hatte. Versteckt, um mit schneller Kraft hinter den Hügeln aufzutauchen und seine Blitze und Donner in das Tal zu werfen, in dem die beiden Schmetterlinge lebten. Das Furchtbare geschah. Der erste Blitz traf das wunderschöne Pfauenauge. Es fiel vom Himmel, stürzte unaufhaltsam in die Tiefe, an der Nase des Zitronenfalters vorbei. Tot. Der kleine Zitronenfalter fiel mit. Nicht weil er auch tot war, sondern weil er nicht fassen konnte, was geschehen war. War sein Pfauenauge, das er so geliebt hatte, es ihm aber nie richtig hatte sagen können, tot? Konnte er ihm nie mehr wieder etwas anvertrauen? Nie wieder? Als der Zitronenfalter auf der Erde ankam, musste er erkennen, dass sein Bruder wirklich tot war. Er war wie betäubt, tat alles, was von ihm erwartet wurde. Er schmückte das Pfauenauge, schaufelte ihm ein Grab unter Rosenblüten, weinte, flatterte verzweifelt und hoffte so sehr, dass er getröstet würde. Doch es gab keinen Trost. So blieb der kleine Zitronenfalter allein zurück. Tieftraurig, weil das Pfauenauge so plötzlich weggegangen war aus dieser Welt, tieftraurig, weil er dem Pfauenauge nie hatte sagen können, wie sehr er es wegen seiner Schönheit und Klugheit bewundert hatte. Wie sehr er die Geborgenheit vermisste, die das Pfauenauge ihm gegeben hatte, ohne dass er es gemerkt hatte. Wie sehr er bedauerte, ihm all das nicht sagen zu können – mit ihm die Vertrautheiten der Kindheit nicht mehr teilen zu können. Und wie sehr er darunter gelitten hatte, dass sie sich so bekämpften. Der Zitronenfalter war tief verletzt – er hatte nicht Abschied nehmen können.

So lebte der Zitronenfalter weiter, einfach weiter und vergrub seinen Schmerz ganz tief unter seinem linken Flügel, dort wo unser Herz schlägt. Der Zitronenfalter gewöhnte sich daran, allein durch das Leben zu flattern und kam damit zurecht. Doch die innere, tiefe Sehnsucht nach dem Pfauenauge blieb. Die tiefe Sehnsucht, diesen Schmerz zu heilen und es anders machen zu können als zuvor. Diese Sehnsucht bekam Gestalt. »Komm«, flüsterte die Sehnsucht, »komm, ich zeige dir einen Ort, wo du ein anderes Pfauenauge findest. Nicht dasselbe, das gab es nur einmal, aber einen Schmetterling, der ein Wahlbruder für dich sein könnte, der eine ähnliche Erfahrung gemacht hat wie du.« Der Zitronenfalter konnte es kaum glauben und er wollte es nicht glauben. Noch einmal den gleichen Schmerz? Nein. Doch die Sehnsucht wurde immer stärker. All die Jahre war die Sehnsucht mit dem Zitronenfalter mitgeflogen, ohne dass er es richtig gemerkt hatte. All die Jahre hatte sie Honig in das Herz des Zitronenfalters getröpfelt. »Komm«, flüsterte die Sehnsucht wieder, »ich zeige dir einen Ort, wo du ein anderes Pfauenauge findest. Folge mir.« Und sie tröpfelte wieder Honig in seine Seele. So hatte der Zitronenfalter gar keine andere Wahl, als seiner eigenen Sehnsucht zu vertrauen. Er ließ sich von ihr führen. Das war für den kleinen Zitronenfalter ganz neu.

Der Zitronenfalter folgte der Sehnsucht und kam in ein Tal, das er noch nicht kannte. Mit Staunen sah er viele unbekannte Schmetterlinge. Braune Schmetterlinge mit blauen Punkten auf den Flügeln, weiße mit roter und schwarzer Schrift, bunte mit den Farben des Regenbogens. Er sah sie auf goldenen Blüten, im leichten Wind und auf zarten Gräsern. Es waren Wunderwerke der Natur. Als der Zitronenfalter ganz versunken und benommen den Zauber der Schmetterlingswelt betrachtete, kam just in diesem Moment ein unbekannter Schmetterling vorbeigeflattert. Er machte Halt und fragte den Zitronenfalter: »Du bist neu hier? Du kennst uns nicht? Auch nicht dieses Tal?« Der Zitronenfalter murmelte ganz benommen: »Stimmt, ich kenne das alles nicht«. Er schaute den unbekannten Schmetterling an und dachte: »Er hat Ähnlichkeit mit dem Pfauenauge und ist doch ganz anders.« Tief in seiner Seele erinnerte der Zitronenfalter sich an seinen geliebten Bruder und seine Sehnsucht wurde immer mächtiger. Der unbekannte Schmetterling fuhr fort: »Wenn du magst, zeige ich dir kristallklares Quellwasser, aus dem wir zusammen trinken können.« Der Zitronenfalter antwortete beherzt und schnell – er konnte sein Glück gar nicht richtig fassen: »Ja, das machen wir. Du zeigst mir das, was dich glücklich macht. Du bist so anders als ich. Du hast sicher Gaben, die ich nicht habe, lass uns teilen. Vielleicht können wir Wahlbrüder werden. Vielleicht.« Der Zitronenfalter war erstaunt, dass diese Worte so schnell aus ihm herausflossen.

Der unbekannte Schmetterling lauschte und hörte dem Zitronenfalter zu. Gleichzeitig vernahm er eine tiefe innere Stimme, die sagte: »Vertraue den Worten des Zitronenfalters. Flieg, flieg mit ihm. Wir haben euch einen Wahlbruder geschenkt, damit alte Wunden heilen können. Flieg!« Ganz verdutzt folgte der unbekannte Schmetterling seiner inneren Stimme und flog weg. So langsam, dass der Zitronenfalter folgen konnte, und so schnell, dass sie neue Hügel erreichen konnten. Sie schwebten und sie flatterten. Der unbekannte Schmetterling begann, dem Zitronenfalter die Geschichte seines Lebens anzuvertrauen, am Anfang erst ganz leise, dann immer beherzter – seine Geschichte von Liebe und Tod, von Trauer und Vertrauen. Und so flatterten und schwebten, weinten und lachten die beiden Schmetterlinge gemeinsam auf ihren Reisen – Reisen, die sie zu neuen Gefilden brachten, zum Himmel und zum Wasser, zur Erde und – zur Ewigkeit.

3. SCHRITT: ABSTAND UND ANGST – INS UNBEKANNTE REISEN

Nach all den Ritualen des Abschiednehmens war ich offen für den nächsten Schritt. Da ich mich ja selbst als »Fall« einige Monate vorher bei einem Managementseminar eingebracht hatte, war eine Prozessvorstellung klar in meinem Kopf: Abstand gewinnen und Erholung. Ich spürte selbst das Bedürfnis, neue Kräfte zu tanken, damit ich mich möglichst bald wieder einer neuen Aufgabe widmen könnte. Erholung – ganz unterschiedliche Möglichkeiten kamen mir in den Sinn: neue Länder kennenlernen, die mich neugierig gemacht hatten. Oder einfach zu Hause bleiben und in die Stapel von ungelesenen Büchern meine neugierige Nase hineinstecken. Vielleicht aber auch: in alte Welten eintauchen und neue Horizonte sehen.

Das war's. Ich suchte altes, spirituelles Wissen – Inspirationen, die mich auf meinen neuen Wegen begleiten würden und aus denen ich schöpfen könnte, wenn die Verunsicherung vielleicht zu groß werden würde. Inspirationen, die mir Vertrauen in große Lebenszusammenhänge geben und mir vom Werden und Vergehen erzählen würden. Was lag da näher, als mich mit Ägypten zu beschäftigen und mich für einige Tage dorthin zu begeben? So kam es. Diese uralte Kultur verstärkte in mir das Gefühl, auf einer Reise in eine neue Welt zu sein und mich gleichzeitig mit alten Weisheiten verbinden zu können. So weit, dass ich anfing, den Vogelflug deuten zu wollen, ging mein Bedürfnis allerdings nicht.

Aber es waren nicht nur der Geist und die Seele, die Abstand und Erholung brauchten, sondern mein Körper meldete auch seine Rechte an. Er gab klar zu verstehen, dass er von mir anders betrachtet und behandelt werden wollte. Hatte ich ihn über viele Jahre hinweg in erster Linie als ein Fortbewegungsinstrument gesehen, um mich von einem Sitzungssaal oder Flughafen zum anderen zu bringen, und von ihm erwartet, dass er mein stressiges Leben durchhielt und reibungslos funktionierte, spürte ich jetzt ganz neue Bedürfnisse. Nach leichtem Spiel, nach harmonischer, tänzerischer Bewegung – und nach Natur. So fing ich wieder an Ski zu laufen, was ich über viele Jahre hinweg nicht gemacht, aber sehr früh in meinem Leben begonnen hatte. Dieses Mal nicht auf Schnelligkeit und Konkurrenz ausgerichtet, sondern auf Leichtigkeit und Einklang mit der Umgebung. Ein Skilaufen, das von der Mitte meines Körpers ausging. Ich nahm feine Nuancen bei Veränderungen im Körper wahr, genoss das leichte und tänzerische Hingleiten in verzauberten Landschaften, die kalte, klare Luft und fühlte mich in einer neuen Art geborgen – bereit, auch neue Wege zu gehen, die sicherlich schon hinter der nächsten Ecke auf mich warteten.

Doch es kam ganz anders. Zurückgekehrt in meine alte Umgebung, trafen mich plötzlich fast wie ein Keulenschlag tiefe Verunsicherung und Angst. Erst jetzt wurde mir auch gefühlsmäßig schlagartig klar: Ich war ohne Ziel und konkrete Aufgabe. Meine Aufgabe, die mein Leben mit Sinn erfüllt hatte, war weg. Mir schien der Boden unter meinen Füßen weggezogen zu sein. Beinahe all meine Strukturen waren weggefallen, die täglichen Kontakte mit Mitarbeitern waren verschwunden, kein Terminplan mehr, der mir sagte, wann und wo ich zu sein hatte. Sicherlich oft lästig und einengend, aber er hatte meinem Tag eine klare Einteilung gegeben. Jetzt musste ich mir Ziele und Aufgaben selbst und neu definieren. Zusätzlich schienen meine langjährigen beruflichen Kontakte, die mich in selbstverständliche Beziehungen zu interessanten Menschen gebracht hatten, weggeschwommen zu sein. Die enge Zusammenarbeit mit Menschen aus ganz unterschiedlichen beruflichen Bereichen hatte mir viele Möglichkeiten gegeben, auf leichte Art kreativ zu sein. Nicht zuletzt hatte ich auf alltägliche Weise andere Sichtweisen und fremde Berufswelten kennenlernen, hatte Einfluss und meine Gestaltungslust ausleben können und dafür auch noch Anerkennung erhalten. All dies schien verloren. Meine Aufgabe, über die ich mich selbst so stark definiert und die fast wie eine Droge gewirkt hatte, war weg.

Ohne Ersatzdroge hatte ich mich selbst in einen »kalten Berufsentzug« begeben. Stand früher das Telefon nicht still und bekam ich einen leichten Schock, wenn ich in den Posteingang meiner E-Mails schaute, war ich jetzt mit dem Gegenteil konfrontiert: wenig Anrufe und E-Mails, kaum noch Einladungen zu offiziellen Veranstaltungen. Erst in dieser Situation spürte ich, wie sehr ich mich von meinem Beruf abhängig gemacht hatte – obwohl ich mir einen breiten und sehr stabilen Freundeskreis aufgebaut hatte, der auch in dieser Situation hielt. Meine frühere unbewusste Haltung: »Hier bin ich! Wo ist die Aufgabe?«, zeigte ihre Kehrseite: »Keine Aufgabe mehr. Wer bin ich?« Dazu kam noch die Finanz- und Wirtschaftskrise, die mich zusätzlich verunsicherte. Aufgebaute Sicherheiten konnten von einem Moment zum anderen verschwinden. Würde ich je wieder meinen »festen Platz« finden? Hatte ich genügend Energie, wie der Frosch in der Milch zu strampeln, um wieder auf die Butter zu kommen? Aber passte dieses Bild überhaupt noch? Wollte ich überhaupt »strampeln« oder mich wie der Hamster im Käfig weiter im Rad bewegen – ein Käfig, der Sicherheit gegeben hatte, aber doch ein Käfig geblieben war?

Auch andere alte »Sicherheitsseile« hatten sich als nicht stabil erwiesen. Parallel zu meiner Neuorientierung hatte ich geschaut, ob es im alten System nicht doch noch gute Möglichkeiten und reizvolle Herausforderungen gäbe. Jedoch gab es kaum etwas, was für mich in Frage gekommen wäre, kaum etwas, das mich reizte. Kaum eine der Ideen und Projekte griff, die ich damals entwickelt hatte – trotz aller Unterstützung, die ich erfuhr. Auch hatte ich mir eine schlechte Zeit für meine eigene Krise ausgesucht. Es war die Zeit nach dem Zusammenbruch der »Lehman Brothers«, der Auslöser der großen Finanzkrise 2008. Die Welt war in Turbulenzen und ich mit ihr. Mein Leben schien sich im freien Fall zu befinden. Mir schien es an Flügeln zu fehlen.

Ich war wieder verunsichert, ob meine Entscheidung, Halt zu machen, wirklich die richtige gewesen war. Eine tiefe Angst ergriff mich, ob ich wieder Bedingungen finden könnte, die meinem Leben Sicherheit verleihen würden. Alte Gespenster der Verunsicherung waren plötzlich wieder erwacht, die ich meinte, vor vielen Jahren endgültig begraben zu haben. Ich hatte nicht nur Angst, sondern manchmal hatte die Angst auch mich. Konnte ich diese neue Freiheit, in der ich mich zum Teil gewollt und zum Teil ungewollt befand, nicht nur aushalten, sondern nutzen, um noch klarer zu spüren, was ich wirklich wollte? Hatte ich wirklich Vertrauen, dass das Leben trägt? Diese und andere Fragen blieben offen.

INNERE STIMME:

Du bist schon wieder viel zu schnell unterwegs. Erst Abstand und vermeintlich die Mitte finden – dann Angst. Um die Mitte zu finden, brauchen Andere Jahre! Nach Ägypten fahren, um sich mit spirituellem Wissen zu verbinden, lässt Böses ahnen. Du machst einen Schnellkurs in alternativer Lebenskunst. Klar, dass man dann Angst bekommt. Aber vielleicht hat es doch viele Vorteile, eine neue Perspektive auf das Leben zu bekommen. Nicht immer alles mit dem Kopf machen zu wollen, gibt anderen Wahrnehmungsformen vielleicht auch einmal eine Chance?

Eine Frau war sehr verletzlich. Viele Jahre lebte sie, ohne ihre Verletzlichkeit wahrzunehmen und auf sie zu achten. Verletzlich war sie nicht nur in ihrer Seele, sondern auch ihr Körper war verwundbar. Lange hatte sie sich mit ihrem Körper nicht richtig anfreunden können. Sie schaute ständig in den Spiegel, um Fehler zu entdecken, maß und wog sich, um ihn zu kontrollieren. Sie zwängte sich in enge Kleider, um zierlicher zu erscheinen, oder verhüllte sich in lange, unförmige Gewänder, um in einer körperlosen Figur zu entschwinden. Doch das war nicht genug. Sie machte ständig Hungerkuren, um endlich die zu werden, die sie nach ihren Vorstellungen sein wollte. Und die war eben anders als sie selbst war. Ihr Körper war ihr Werkzeug, wenn es galt, etwas zu erreichen. Er trug sie durch die Welt, war ihr Diener auf Reisen, war das Mittel für ihre Taten, war der Sklave ihres Willens, wenn der Kopf befahl: »Halt, hier gibt es etwas zu tun!« Aber er war nie das kostbare Instrument, mit dem wir Freude, Liebe und das Leben in uns selbst zum Klingen bringen. Für sie gab es eine Hand, aber es war nicht ihre Hand. Für sie gab es Füße, aber es waren nicht ihre Füße. Selten nahm sie sich selbst liebevoll in den Arm. Selten gab sie ihrem Körper eine richtige Chance, wahrgenommen zu werden mit all seinen feinen Schwingungen, die ein Recht haben, gehört und gelebt zu werden. So unterschiedliche Schwingungen, die wie viele kleine Stimmen ins Leben möchten, wie Schauspieler, die auf der Lebensbühne eine Rolle spielen wollen. So behandelte sie sich selbst als hässliches Entlein und war doch, wie jeder von uns, ein Schwan.

Doch die Frau hatte Glück. Sie hatte großes Glück, denn sie wurde krank, schwer krank. Sämtliche Signale, die ihr Körper ihr gegeben hatte, hatte sie überfahren. Jahrelang hatte sie ihm keine wirkliche Ruhe gegeben, nie auf seine Bedürfnisse nach einer

Pause gehört, sondern taub und blind für seine Zeichen ihren Willen durchgesetzt. War er müde und erschöpft, sagte der Kopf: »Gilt nicht! Du hast aufzustehen!« Weigerte sich ihr Rücken, all die Lasten weiter zu tragen, wurde er eingewickelt und eingepanzert, so dass sie ihn nicht mehr zu spüren brauchte. Sagte ihre Nase: »Ich habe die Nase voll!« und wurde rot vor Ärger, griff sie schnell zum Pillendöschen, um die Sache hurtig zu vergessen. All das nahm ihr Körper ihr übel. Sehr übel. Er war nicht nur erschöpft und am Ende seiner Kräfte, sondern auch beleidigt und verletzt. »Es reicht«, sagte ihr Körper. »Bei diesem Spiel machst du nicht weiter mit! Du gehst keinen einzigen Schritt mehr, ohne dich zu wehren. Du schickst ihr jetzt die Schmerzen.« Die Schmerzen kamen sofort. Von Stund an konnte die Frau sich kaum mehr einen Schritt ohne Schmerzen bewegen. Ihr Körper verweigerte sich so sehr, dass er nur mit großer Mühe Zentimeter um Zentimeter vorwärts schleichen konnte – und wollte. Wollte zuerst sie nicht auf den Körper hören, so wollte jetzt ihr Körper nicht mehr auf sie hören.

Die Frau versuchte zuerst einmal, alles wegzuschieben: »Mit ein wenig Willenskraft werden wir das Ganze schon bald wieder in den Griff bekommen!«, sagte sie zu sich selbst mit fester Stimme. »Das wäre doch gelacht!« Falsch gelacht, falsch gedacht. Der Körper wollte nicht mehr. Er konnte nicht mehr. Doch wie die Frau überzeugen? Mit Argumenten, Erwägungen, wissenschaftlichen Erkenntnissen? Nein, dies alles ging nicht. Es musste etwas anderes sein. Es musste etwas sein, was die Frau nicht kontrollieren konnte, was jenseits aller Logik und allen Verstandes Einfluss hatte. Aber was? Der Körper dachte nach und hatte eine Idee. Er schickte der Frau einen Traum. Einen wunderbaren Traum.

Die Gelegenheit war günstig. Ganz verzweifelt, weil ihr Körper nicht mehr so funktionieren wollte, wie sie es im Sinn hatte, und unsicher, was sie denn jetzt tun könnte, ging die Frau früher zu

Bett als gewöhnlich. Sie wollte die Situation so schnell wie möglich vergessen. Ihre Sorgen einfach wegschlafen. Kaum hatte sie sich niedergelegt, fiel sie in einen tiefen Schlaf. Genau in diesem Moment kam der Traum zu ihr. Sie träumte, dass sie ein wunderbarer Vogel sei, ein Vogel mit buntem, herrlichem Gefieder. Ein Vogel in ganz schillernden Farben, mit großen, scharf blickenden Augen. Aber der Vogel bestand – welch ein Entsetzen – nur aus einem Kopf. Der Vogel hatte keinen Körper – keine Beine und Flügel. Erschreckt wachte die Frau auf. Sie wollte kein Vogelkopf sein, sondern ein ganzer Körper. Nein, das konnte, das sollte nicht sein! Die Frau versuchte, diesen Traum zu vergessen. Doch der Traum kam immer wieder. Und das war wiederum ihr Glück.

Wo auch immer sie war, fiel ihr der Traum ein. »Was hat er wohl zu bedeuten?«, fragte sie sich nach einiger Zeit. Sollte sie getötet werden, so dass nur der Kopf übrigblieb? Oder vielleicht ganz anders: Hatte sie vielleicht ihren eigenen Körper so weit von sich selbst, ihrem eigenen Bewusstsein, abgespalten, dass er fast tot war, gar nicht mehr richtig existierte? Immer mehr ging sie dieser Spur nach, immer mehr bewegte sie diese Frage. Immer mehr sah sie den Traum als ein besonderes Zeichen von dem, was das Leben jetzt von ihr verlangte. Ihren Körper nicht mehr als Mittel oder als Werkzeug zu betrachten, sondern als ihr Leben. Als ein Instrument des Lebens, das endlich gespielt werden wollte. Immer mehr fühlte sie, dass sie ihren Körper gar nicht richtig wahrgenommen hatte, sondern versucht hatte, ihn zurechtzubiegen nach ihren eigenen Vorstellungen – oder welchen Vorstellungen auch immer. Diese Gedanken breiteten sich immer mehr aus, bezogen sich auf ihr ganzes Leben. Immer deutlicher wurde ihr, dass sie sich oft Luftschlösser gebaut hatte, in die sie reiste, die aber mit der Erde, mit all ihren Herausforderungen für Vergehen und Wachsen kaum verbunden waren.

Ganz betroffen von dem, was sie plötzlich sah, hielt sie inne. Sie atmete tief ein, erschreckt und erlöst zugleich. Sie atmete und horchte, um zu spüren, was ihr Körper ihr erzählte. Was er wollte, wenn er mit einem Lächeln leise in ihre Seele sprach: »Hör auf mich, ich habe eine Weisheit, die ist so viel tiefer als alles, was du denkst. Hör auf mich und ich erzähle dir mit all meinen Schwingungen, was du brauchst, um glücklich zu sein. Hör auf mich, deinen Körper, bei dem du dich in all den Jahren nie wirklich bedankt hast. Ich habe so viel für dich getan. Gerannt bin ich im Regen, um in letzter Minute die Bahn noch zu ergattern, habe gedarbt und gehungert, nur weil ich nicht so war, wie du mich haben wolltest. Du hast mich eingezwängt in Kleiderpanzer. Du hast so viel getan, um mich zu zerstören. Aber all das verzeihe ich dir, wenn du mir jetzt auf unsere Expedition folgst. Auf unsere Entdeckungsreise zu deinem Körper – zu mir.«

Die Frau war verblüfft und misstrauisch. Doch der Traum hatte ihr eine Wahrheit gezeigt, die sie jetzt nicht mehr leugnen konnte. Wieder atmete sie tief ein. Sie merkte, wie zaghaft und sanft sich die Starre in ihrem Körper zu lösen begann. So folgte sie ihrem Körper erst zögerlich und dann immer entschiedener. Er zeigte ihr neue Kontinente, auf denen sie seine Musik kennenlernte. Eine Musik, die sie vernehmen konnte in der Bewegung und in der Stille. Eine Musik, die ihren Körper tanzen ließ – auf der Erde, aus der er gekommen war und in die er wieder zurückgehen würde. Eine Musik, die ihren Willen umarmte. Eine Musik, die andere zum Tanz einlud, sie und andere glücklich machte – eine Musik ihres Körpers für den Tanz auf der Erde.

Zurück zur Erde, erlebte ich eine positive Überraschung. Dachte ich noch, durch das Verlassen so vieler Strukturen befinde sich mein Leben im freien Fall, so hatte der Zufall Flügel. Einige Monate vorher hatte ich den Kontakt zu einer alten Freundin wieder aufgenommen, die Schweigeseminare veranstaltete und mich dazu einlud. Als Referenz an sie – unsere Freundschaft hatte einen Riss erlitten, den ich wieder »kitten« wollte – folgte ich dieser Einladung. Ich war selbst überrascht über meine Entscheidung. Fünf Tage schweigen und meditieren – ein solches Seminar hätte ich mir früher für mich selbst nie vorstellen können.

So packte ich meine Siebensachen ein, ließ den Laptop zu Hause und informierte meine Freunde, dass ich mich für ein paar Tage außerhalb weltlicher Bezüge begeben würde – mit offenem Ende über das Resultat. Mit etwas bangem Herzen bewegte ich mich auf das weite Land – zu dem Ort der Stille. Nicht nur am Anfang war ich verunsichert. Ich fragte mich: »Wie kann ich das aushalten? Mit meinem Kommunikationsbedürfnis und meiner Ungeduld? Mit der Furcht, mich zu langweilen und meiner Angst vor der Stille?« Immer wieder hatte ich die Erfahrung gemacht, dass in der Stille Gefühle von Bedrohung und Einsamkeit bei mir auftauchten. Auch hatte ich die Befürchtung, noch stärker allein und auf mich selbst zurückgeworfen zu sein – war ich doch in einer Situation des »Schwebens«. Das Alte war weg und das Neue noch nicht da.

Gegen all meine Befürchtungen wurde es leicht. Ich hatte keinerlei Probleme, still zu sitzen und mich in mich zu versenken. Fünf Tage Schweigen schenkten mir andere Wahrnehmungs- und Kommunikationsformen als die der Sprache. Geführte und stille Meditationen ließen mich zur Ruhe kommen und weiteten meinen Blick. Durch den Wegfall der Reize äußerer Kommunikation richtete sich meine Aufmerksamkeit immer mehr nach innen.

Ich spürte meine Gefühle und Bedürfnisse klarer und klarer. Der »Film« in meinem Kopf verschwand nach und nach. Das ständige Gehämmere, an was ich alles noch zu denken und was ich noch alles zu erledigen hätte, verhallte.

Gleichzeitig bemerkte ich, dass durch das beständige Schweigen mögliche Konkurrenz zwischen den Teilnehmern und Teilnehmerinnen kaum aufgetaucht war. Sprache konnte nicht mehr eingesetzt werden, um mich selbst zu positionieren. Ich spürte eine immer tiefere Gelassenheit in mir. Durch meditative Spaziergänge war ein tiefes Gefühl der Verbundenheit mit der Natur aus einem Nebel aufgetaucht. Ich fühlte mich wie in einem Zauberwald, der mich sanft umfangen hatte. Auf meinen Wegen in der winterlichen Welt konnte ich die Natur als Ort der Freiheit und der Freiräume neu entdecken. Erinnert an englische Landschaftsgärten bemerkte ich, dass ich das, was ich anstrebe, nicht auf direkten Wegen erreichen kann, sondern auf verschlungenen Pfaden. Auf jedem Weg zeigten sich unerwartete Perspektiven. Es war wie das Ergehen, das Begreifen und Ergreifen eines inneren Raumes. Und dieser innere Raum hatte einen Namen und der hieß: Vertrauen. Vertrauen in das Leben. Wie der Baum von Rainer Maria Rilke, der im Winter weiß »und der Sommer kommt doch«. Die Einsamkeitsgefühle lösten sich leise auf und am Ende des Seminars konnte ich den Zauber der Stille wahrnehmen und begreifen. Die Stille hatte begonnen, meine Freundin zu werden. Ich dachte, ich fange an, meinen neuen Weg zu finden. Aber diese gerade gewonnene Balance zwischen innen und außen, die Entdeckung von Stille, innerer Gelassenheit und Bezogenheit zur Natur wollte ich nicht mehr verlieren. Diesen Schatz wollte ich auf meiner weiteren Reise mit dabeihaben. Dann, wenn es wieder richtig losgeht. Und damit meinte ich: jetzt.

Doch mein Wunsch, wieder nach außen aktiv zu werden und gleichzeitig meinen eigenen Bedürfnissen nach Ruhe und Pause mehr Raum zu geben, erfüllte sich nicht so schnell. Ich wollte mich noch etwas fitter machen für meine wieder nach außen wirkende Lebensphase und besuchte ein Seminar mit dem verheißungsvollen Titel »Es kann leicht sein«. In diesem Seminar setzten sich Teilnehmerinnen und Teilnehmer mit ihren Lebensthemen auseinander. Ich packte die Gelegenheit beim Schopf und ging der Frage nach, warum das Schwere mich so faszinierte. Dieses Seminar vermittelte mir Erfahrungen, die mich erstaunten und erweiterten. Neue Tore und Türen gingen auf. Alles schien leicht zu werden.

Aber wieder war dieses Gefühl nur von kurzer Dauer. Als ob eine geschüttelte Seltersflasche plötzlich geöffnet worden wäre, tauchten nach dem Seminar unvermutet belastende Lebensthemen mit großer Kraft wieder auf. Ich wollte und konnte sie nicht zur Seite drängen. So suchte ich Unterstützung, hatte lange Gespräche mit Freunden und wollte mir die Schwere aus dem Leib singen. Es war mein inniger Wunsch, Schatten meines Lebens endlich loszuwerden, und ich meinte, mich davon befreien zu müssen. Doch schwierige Lebensthemen bekamen immer mehr Gestalt. Fragen um Einsamkeit und Zugehörigkeit, Angst und Vertrauen tauchten erneut auf – und einiges mehr. Diese Fragen wollte ich mir noch genauer anschauen. Ich hatte gelernt, mich mit mir selbst zu konfrontieren und dies mit einem künstlerischen Zugang zu verbinden. Im Dialog zwischen meiner Leinwand und meiner inneren Wahrnehmung, mit der bewussten und unbewussten Auswahl von Farben und Formen, der Tiefe und Leichtigkeit von Bewegungen, konnte ich größere Klarheit und auch Antworten finden.

Wieder folgte ich meinem inneren Impuls und malte. Mitten in diesem Schaffensprozess entwickelte sich das Bedürfnis, mir noch einmal sehr frühe, zentrale Lebensthemen anzuschauen. Diesem Gefühl ging ich nach, malte und schrieb weiter. Ich erzählte mein

Leben neu. Es entstanden dreizehn Bilder und Geschichten. Dreizehn – meine Glückszahl. Dieser Prozess wurde zur Transformation. Wieder war es ein »Zufall«, der mir eine Reihenfolge geschenkt hatte. Am Anfang stand die Malerei, die mir Unbekanntes zeigte. Sie machte mir Mut, mich dem »Nicht-zu-Steuerndem-und-Planendem« zu überlassen und meiner Sehnsucht zu folgen, meinen eigenen Weg zu gehen. Die Freiheit, die ich plötzlich hatte, hielt ich nicht nur aus, sondern ich gestaltete sie und gewann einen neuen Zugang zu meinem Leben.

INNERE STIMME:

Übertreibst du nicht etwas? Erst das Schweigen und dann das Malen, das wird ja immer innerlicher! Sehe dich schon mit gefalteten Händen durch die Gegend wandeln – was für ein Anblick! Was ist denn mit deinem Kontaktbedürfnis – einfach verschwunden? Schlägt das Pendel – von Rastlosigkeit zur Stille – jetzt nicht in eine andere Richtung aus? Heißt das »Balance«? Aber vielleicht staunst du auch über die Sehnsucht nach Poesie, die doch immer schon dagewesen sein muss. Und verbindest damit ganz unterschiedliche Zugänge zu deinem Leben?

Ein Verstand spazierte durchs Leben

Ein Verstand spazierte durch das Leben. Er wollte alles beherrschen. Sich, andere, die Welt. Die Welt sollte so sein, wie er es sich vorstellte. Und da ein Verstand nicht einfach so herumschwirren kann, sondern irgendwo wohnen muss, suchte er einen Menschen, in den er einziehen konnte. Er suchte und fand. Er fand eine Frau, die jung war und voller Tatendrang, doch unsicher und voller Sehnsucht. »Ein leckeres Opfer«, sagte sich der Verstand, als er sie sah und beobachtete: »Die hat Energie und weiß nicht so richtig wohin damit. Die kann ich beherrschen, und – wenn die Dinge gut laufen – kann ich durch sie andere beherrschen. Die nehme ich!« Und flugs war der Verstand im Körper der jungen Frau. Der Verstand richtete sich im Körper der jungen Frau häuslich ein. Dafür brauchte er Zeit, denn ein Verstand ist ja nicht ohne Gepäck. Seine Koffer waren groß und schwer. Er hatte viele Scheren. Große und kleine, scharfe und stumpfe. Gut ausgerüstet musste er doch sein für die Probleme, die er zu analysieren hatte, um alles zerschneiden zu können in kleine und große Teile. Er brauchte auch viele Brillen und Gläser, mit denen er nicht nur in die Ferne sehen, sondern all das, was sich vor seiner neugierigen Nase so tat, genau verfolgen konnte. So breitete sich der Verstand immer mehr im Körper der jungen Frau aus, kroch in die Fingerspitzen, in die Augen, in die Beine – kurz: überall hin. Er beherrschte die junge Frau, die voller Tatendrang war, mehr und mehr, ohne dass sie es merkte.

Suchend ging sie in ihr Leben, das wie ein glitzerndes Schneefeld sich unberührt vor ihren Augen erhob. Es war noch so leer und wollte doch gefüllt sein. Aber womit? Der Verstand kannte diese Sehnsucht der jungen Frau, und er schickte ihr Gedanken. Gedanken, die sich im Kopf und im Herz der jungen Frau einnisteten. Sie dachte daran, was sie denn im Leben werden wollte, was sie denn mit ihrem Leben machen sollte. »Du sollst denken«, kam der Befehl vom Verstand. »Du sollst ordentlich denken! Vor allem: Du sollst! Am besten du suchst einen Beruf, in dem du ordentlich denken kannst!« Gedacht – getan. Kaum war der Wunsch des Verstandes erfüllt, ging es weiter: »Du sollst etwas erreichen in diesem Leben! Du sollst Einfluss haben!« Gedacht – getan. »Du sollst großartig werden!« Gedacht – und nicht so schnell getan. Denn um großartig zu sein, hieß es, ständig in Aktion zu sein, rastlos durch die Welt zu eilen. So waren jedenfalls die Gedanken, die der Verstand der Frau, die mittlerweile gar nicht mehr so jung war, schickte. Ständig gab es etwas zu erledigen, ständig machte sie Pläne, was es denn alles zu tun gäbe, um die großen Ziele, die die Gedanken ihr heimlich einflößten, zu erreichen. Ständig hatte sie ein Theater im Kopf, gleichzeitig lief ein Film und oft noch ein Konzert dazu. Ach, der arme Kopf, der so voller Gedanken war!

Immer mehr schloss sie sich ein, immer mehr hielten die Gedanken sie gefangen, immer mehr wurden die Gedanken zu einem eigenen Gebäude – zu einem Gedankengebäude. Sie merkte, dass etwas sie beherrschte, aber sie wusste nicht so recht, was es war. Sie fühlte nur, dass etwas nicht stimmig war in ihrem Leben. Zu irgendetwas hatte sie den Kontakt verloren. Doch was konnte das sein? So begann sie in ihrem eigenen Haus zu suchen. Sie ging von Zimmer zu Zimmer, öffnete Schränke und Kommoden, schaute und schaute. Sie sah all die Schätze, die sie selbst in dem Haus angehäuft hatte und die sie mittlerweile schon ganz vergessen hatte. Sie ging weiter von Zimmer zu Zimmer und schaute auf all die Bücher, die sie in vielen Jahren gekauft oder geschenkt bekommen hatte, die sie gelesen oder auch nicht gelesen hatte und die noch immer auf sie zu warten schienen. Sie betrachtete die kurzen und langen Kleider, die sich angesammelt hatten und die von ihrer Sehnsucht nach einer anderen Gestalt erzählten. Sie blickte auf die vielen Schuhe, die sie an ferne Orte getragen hatten oder noch darauf warteten, sie zu unbekannten Orten zu führen. So ging sie durch all die Räume, in denen sie die Spuren ihres Lebens fand. Sie ging und ging – das Haus war groß. Sie kletterte die Treppen hoch und runter, stöberte auf dem Dachboden und stieg in den Keller hinab, der so dunkel war und vor dem sie oft Angst gehabt hatte. Sie folgte ihrer inneren Stimme, die mit den Erinnerungen immer deutlicher geworden war und die sie in all den Jahren gar nicht richtig wahrgenommen hatte. Wieso auch? Waren doch ständig in ihrem Kopf die Gedanken zu Hause, die sie beschäftigten und die kaum zu bändigen waren. Wie ein Theater, das selbst nicht weiß, welches Stück es eigentlich spielt.

Doch mit der Zeit überließ sie sich mehr und mehr der inneren Stimme, die ihren Füßen erzählte, wohin sie ihre Schritte lenken könnten und was ihre Hände ergreifen wollten. So führten ihre Füße und ihre Hände sie zu einer Truhe, die ihr bekannt vorkam. Sie machte sie auf und erschrak. Es war die Truhe, in der sie all das wunderbare Spielzeug ihrer Kindheit versteckt und die Fotos aus ihrer Kindheit vergraben hatte. Es war der Ort, an dem sie einen Schatz fand, an den sie nicht erinnert werden wollte: an ihre Kindheit, an die Zeit, in der sie noch so leicht und voller Lachen mit Fantasie sich durch den Tag spielen konnte. Es war der Geruch dieses alten Möbels, der sie an die Unbeschwertheit und Freiräume erinnerte, die sie einmal gehabt hatte. Diese Truhe hatte sie einst selbst gepackt, weil der Verstand, der alles beherrschen wollte, ihr gesagt hatte, sie solle Abschied nehmen und diese Zeit vergessen, die Zeit des zwecklosen Spielens. Das störe nur auf ihrem Weg in das erfolgreiche Leben. Wie verzaubert stand sie vor den vergessenen Schätzen und holte sie alle heraus: die Puppen und das Kasperletheater, das alte Spielzeug, das sie an magische Geschichten, aber auch an Streit und Wut erinnerten, an Lachen und Tränen. Sie betrachtete die Fotos ihrer Familie und die aus ihren frühen Kindertagen. Sie spürte immer deutlicher, was ihre innere Stimme ihr erzählen wollte: »Hör auf dein Gefühl, auf deine Intuition, sie sind genauso klug wie deine Gedanken. Nein: klüger! Gib uns eine Chance, lass uns zusammen spielen und wir werden dich an geheimnisvolle Orte führen!« Die Frau dachte nach. Sollte sie wirklich der inneren Stimme folgen? Immer stärker kamen ihre Gedanken wieder in den Kopf. Doch die Bilder, die in ihr aufgetaucht waren, waren mächtiger. Die Sehnsucht, wieder diese Freiräume zu leben, die sie als Kind gelebt hatte, gewann die Oberhand. Sie fing an zu spielen – zuerst mit ihrem alten Spielzeug, doch das wurde sie bald leid, denn sie war ja nicht mehr dieses Kind. Sie begab sich wieder auf eine Entdeckungsreise in ihrem Haus: Sie fing an, alte Kleider zu probieren, die sie für sich neu entdeckte, stöberte in Büchern herum, die sie in ferne Länder führten. Die Frau nahm sich Zeit und entdeckte vertraute Kostbarkeiten in dem Haus, die aber zugleich auch fremd waren. Es war alles da, nur hatte sie es nicht gesehen oder auch nicht sehen können. Sie spürte, dass viele Gefühle und Bedürfnisse sie nie richtig erreicht hatten. Ihre spielerische Kraft war über lange Zeit nicht mehr ins Leben gekommen. Immer mehr lockte sie diese innere Stimme in andere Welten. Immer mehr zogen die Sonnenstrahlen sie in den Garten und zu verwunschenen Wegen, die sie riefen. Sie folgte dem Ruf in dem Wissen, dass sie in das Haus immer wieder zurückkehren konnte und der Verstand sie nicht verlassen würde. Dass beide sie schützen würden, wenn der Regen oder der Donner kam, der Herbst oder der Winter vor der Tür stand. So vertraute sie der Weisheit ihres Gefühls und fühlte sich doch von dem Verstand gleichzeitig behütet, der ihr achtsam zur Seite stand. Und brach auf.

5. SCHRITT: BEDÜRFNISSE UND SEHNSUCHT ZEIGEN SICH – DAS NEUE NIMMT GESTALT AN

Vieles war greifbarer geworden. Die Sehnsucht, die ich während des Malens und Schreibens spürte, offenbarte mir, was mir so sehr gefehlt hatte. Ein quirlendes Bedürfnis nach Poesie zeigte sich, das ich nach der Flucht aus der ehemaligen DDR und dem Verlust meines Kinderparadieses wenig gelebt hatte. Das Fantasievolle und Spontane, das für mich als Kind Alltag gewesen war, muss ich nach der Flucht unserer Familie weitgehend eingesperrt haben – bis heute weiß ich nicht genau, wann und wo. Doch waren sie ein Teil von mir geblieben und warteten darauf, neu entdeckt zu werden. Bilder meiner frühen Kindheit tauchten auf: das Haus mit den geheimnisvollen Winkeln, die Großfamilie, bei der ich mich von einem zum anderen bewegen konnte, der freie Blick auf die Stadt und den Fluss. Den Garten hatte ich als ein Paradies empfunden. Birnbäume mit vier verschiedenen Früchten auf einem einzigen Stamm hatten mir die Wunder der Natur und der menschlichen Hand gezeigt. Rosenhecken, Waldhaine und Lauben hatten eingeladen, Häuser zu bauen und Theater zu spielen. So hatte ich mir die Welt und den Tag erträumt und erspielt – neben allen Verletzungen und auch traumatischen Erfahrungen, die viele Kinder eben auch erleben. Begleitet von einem weiten Blick in den Himmel hatte ich mich ständig in Bewegung befunden, und war doch eins mit meiner Umgebung gewesen – die Füße auf dem Boden und den Kopf in den Sternen.

Meine Gedanken wanderten in dieser Phase der Veränderung mehr und mehr in alte Welten. Ich las Gedichte und träumte mich in den Himmel. Meine Gefühle verstärkten meine Sehnsüchte – die Sehnsucht nach Spielerischem und Leichtigkeit, nach Fantasie und Freiraum, nach Vertrauen in das Leben. Das hatte ich als Kind gelebt. Mit der Flucht unserer Familie war mein früheres Kinderparadies von einem Tag zum anderen verloren gegangen, ohne dass ich hätte Abschied nehmen können, Abschied auch nicht von den Menschen, die ein Teil dieser Welt gewesen waren. Der Weg zurück war nicht möglich gewesen, denn die Mauer hatte alles zerschnitten. Den spielerischen Freiraum, der zu meinem alltäglichen Leben gehört hatte, gab es nicht mehr in meiner neuen Welt, der Welt des goldenen Westens. Die Leichtigkeit, die in vielen Facetten meinen Tag früher begleitet hatte, war fast vollkommen verschwunden. Auch in den darauf folgenden Jahren hatte ich meinen Wunsch, zu spielen und den Tag zu verzaubern, wenig gelebt und leben können. Es waren nicht nur äußerliche Einschränkungen, sondern abwehrende Haltungen und Einstellungen, denen wir als Flüchtlinge begegneten. Erfahrungen von Ausgrenzung und Abwertung wurden folgerichtig zum Motivationsfaktor bei meiner Berufswahl: Menschenrechte und der Respekt Minderheiten gegenüber. Ich hatte Themen gewählt, die schwer sind und schwer wogen. Mit meiner späteren Position als Direktorin einer EU-Agentur war dann die Leichtigkeit fast ganz dahin. Die Aufgabe der Agentur, Fremdenfeindlichkeit innerhalb der EU zu erfassen, machte wenig Freunde, vor allem aber Feinde. Kein Platz für spielerischen Tanz.

Das alles war vorbei. Ich hatte bewusst die politische Kampfarena verlassen und folgte meiner Sehnsucht: das »Tiefgründige« mit dem Leichten und Spielerischen zu verbinden, mehr bei meinen Gefühlen und Bedürfnissen zu sein. Unverhofft erntete ich Früchte auf meinem neuen Weg – eine immer größere Klarheit darüber, was ich noch leben wollte. Auf meinem Pfad zu unbekannten Ufern entdeckte ich noch anderes, das in mir gewachsen war und das ich jetzt sehen konnte: Meinen Mut, mich auf meinen eigenen Veränderungsprozess überhaupt einzulassen, Dinge geschehen zu lassen, die ich nicht kontrollieren konnte und vor allem wollte – das alles gab mir eine neue Selbstsicherheit. Ich gewann Vertrauen, dass sich neue Wege auftun, ohne dass ich etwas bewusst unternehme, einfach, indem ich eine Situation so annehme, wie sie ist. Mit meinem strategischen Ansatz und meinen analytischen Fähigkeiten hatte ich über viele Jahre hinweg – ohne es zu wollen – in gewisser Hinsicht einen »Tunnelblick« erworben, einen »Leistungstunnelblick«. Der jetzige Prozess hatte meine Wahrnehmung verändert. Ich konnte nicht nur sehen, sondern auch erfahren, dass ich nichts mehr erreichen »musste«. Ich brauchte keine Erwartungen mehr zu erfüllen – vor allem keine eigenen. Ich musste auch nicht mehr Fantasien hinterherhecheln, was ich alles zu tun und zu leisten hätte. Stattdessen hieß es, der Realität ins Auge zu schauen, vor allem jetzt meiner inneren. Es war nicht nur meine Sehnsucht nach Poesie und Leichtigkeit, die mich zu dieser Zeit bewegte. Immer stärker nahm ich andere, ungewohnte Aspekte von mir selbst wahr: die Sehnsucht nach Geborgenheit und den Wunsch, mich anlehnen zu können, Gefühle von Ohnmacht und Schmerz. Es waren Gefühle, die ich nicht nur gern zur Seite gedrängt, sondern sicherlich manchmal unbewusst selbst inszeniert hatte. Jetzt konnte ich sie sehen als das, was sie waren. Ein Teil von mir – aber auch Aspekte des Lebens, mit denen Menschen nun einmal konfrontiert sind.

Je stärker ich mich mit diesen Fragen auseinandersetzte, desto klarer verlor ich den Wunsch, schnelle Antworten zu bekommen. Ich vertraute der »Kunst der kleinen Schritte« mehr und mehr und begann, die Fragen zu lieben. Mit dem Akzeptieren meiner eigenen Bedürftigkeit, meiner »schwachen« Seiten, nahm ich nicht nur mich an, sondern zeigte diese Aspekte auch anderen Menschen. Dabei machte ich eine ermutigende Erfahrung. An der Reaktion auf Schilderungen meines Veränderungsprozesses, beim Zeigen meiner Bilder und Geschichten, merkte ich, dass ich mich mit Themen befasst hatte, die viele Menschen berührten. So hatte die Auseinandersetzung mit meinen eigenen Lebensthemen auch eine Wirkung für andere. Etwas war entstanden, das ich teilen wollte und konnte – und das andere für ihren eigenen Veränderungsprozess interessierte.

Die Idee, diesen Prozess festzuhalten, meine Ängste und Verunsicherungen zu beschreiben und daraus vielleicht ein Buch entstehen zu lassen, gewann zum ersten Mal Kontur. Ein Buch, das sich auch mit Gefühlen befasst, die wir leicht wegdrängen und die doch für uns ein Geschenk sein können.

INNERE STIMME:

Machst du dir nicht etwas vor? Ging es dir nicht auch darum, Karriere zu machen? Das hat seinen Preis. Man kann nicht alles gleichzeitig haben, Powerfrau und Seelchen sein. Bei den Themen Fremdenfeindlichkeit und Rassismus konntest du auch wissen, dass du dich zwischen Schlangengrube, Löwenkäfig, Affentheater, Flohzirkus, Kindergarten und ab und zu normaler Welt bewegen würdest! Und sicherlich manchmal das eine mit dem anderen verwechselt hast. Oje, oje. Oder geht es doch darum, Gefühle, die dir gar nicht so bewusst sind, zu würdigen und anzunehmen?

Die Verlorenheit und die Sehnsucht

Die Verlorenheit – ein geheimnisvolles Wesen mit unsichtbarer Gestalt – ging einsam durch die Welt. Ein tiefes Sehnen war in ihr nach Geborgenheit. Niemanden hatte sie, der sie in die Arme nahm oder dem sie ihren Kummer anvertrauen konnte. Immer tiefer hing ihr Kopf herunter – wie eine welke Rose, die nicht genug Wasser bekommt. Dabei spürte sie eine solche Sehnsucht, zu blühen und geliebt zu werden. Aber wer nimmt denn eine Verlorenheit gern in den Arm? Wer küsst sie, wenn sie zu Bett geht? Wer streichelt sie, wenn sie Kummer hat? Wer lächelt sie an und wer lacht mit ihr? Auf all diese Fragen wusste die Verlorenheit keine Antworten. Sie wollte sich schon abfinden mit ihrem Schicksal, bis sie eines Tages ein kleines Mädchen sah. Ein Mädchen, so groß wie sie, aber ganz anders. Ein Mädchen mit blitzenden Augen, den Kobold im Nacken, die Lebenslust auf den Lippen. »Ach, bei ihr möchte ich sein. Bei ihr könnte ich mich geborgen fühlen und Spaß haben obendrein! Ach, wäre das schön«, seufzte die Verlorenheit – und beobachtete das kleine Mädchen fasziniert. Sie rannte neben dem Mädchen her, ohne dass dieses sie bemerkte, kletterte mit ihm auf sperrige Apfelbäume und stahl mit ihm Äpfel, was die Bäume gar nicht leiden konnten. Sie war wie ein Schatten, der das Mädchen begleitete, ohne gesehen zu werden.

Die Verlorenheit gewöhnte sich immer mehr an das Mädchen und konnte ohne es bald nicht mehr leben – so groß war ihre Sehnsucht nach Geborgenheit. Mehr und mehr kroch sie in den Schatten des kleinen Mädchens, mehr und mehr bewegte sie sich wie es und wurde tatsächlich zu seinem Schatten, ohne dass das Mädchen es gemerkt hatte. Von nun an begleitete sie das Mädchen überallhin. Immer mächtiger wurde ihr Einfluss auf das, was es fühlte und lebte. Das Mädchen, das so fröhlich unterwegs gewesen war, begann sich immer verlorener zu fühlen. Nach außen konnte man es kaum merken – seine Eltern, seine Geschwister, seine Freunde, alle hielten es für ein fröhliches Kind voller Ideen, stets genau wissend, wie man aus dem Tag ein Theaterstück machen könnte. Ein Kind voller Witz, das das, was es an kleinen Unglücken erlebte, fröhlich umzudrehen verstand – immer bereit, auf eine Reise zu gehen, um zu erkunden, was es hinter den nächsten Hügeln zu entdecken gab. Doch bei all diesen fröhlichen Erkundungen war ihr Schatten, die Verlorenheit, immer dabei.

Die Verlorenheit beherrschte das Leben des Mädchens, das mittlerweile zu einer jungen Frau herangewachsen war, mehr und mehr. Bei allem, was die junge Frau dachte, fühlte und tat – die Verlorenheit war dabei. Auch dann, als sie die Liebe entdeckte. Die Liebe zu Bäumen und Sternen, die sie bei Tag und bei Nacht behüteten, zu Blättern und Käfern, die Glück verhießen – und nicht zuletzt zu den Menschen, die doch Arme hatten, um sie zu halten und einen Mund, um sie zu küssen. So dachte die junge Frau, doch es kam ganz anders. Ihr Schatten, die Verlorenheit, war zur geheimen Herrscherin ihres Lebens geworden. Egal, was sie tat: die Verlorenheit griff ein. So viel Angst hatte sie, ihre Macht zu verlieren. War die junge Frau auf einem Fest, fühlte sie sich verloren. Begegnete sie einem Menschen, der sie anzog oder einem Mann, dem sie ihr Herz schenken wollte, sagte die Verlorenheit lautlos: »Nein, das geht nicht, wenn du dich anderen so öffnest, dann fühlst du dich nicht mehr verloren!« Wollte sie mit anderen Menschen zusammen sein, um gemeinsam zu lachen, flüsterte die Verlorenheit: »Nein, dann gehörst du zu den anderen und nicht mehr mir!« So wanderte die Frau, die mittlerweile nicht mehr jung war, mit der Verlorenheit durch das Leben. Sie wurde immer trauriger. Alles schien in ihrem Leben vergeblich zu sein. Bei allem, was sie tat, was sie in ihrem traurigen Herzen fühlte, das wie ein kleiner Vogel vergeblich das Sonnenlicht einfangen wollte – die Verlorenheit war dabei. So war sie zu einer Frau mit einem

Schatten geworden. Die Frau mit dem Schatten wurde immer trauriger und zog sich von der Welt und in das Gefühl der Verlorenheit zurück. Dieses Empfinden wurde so stark, dass sie kein Sonnenlicht mehr sehen wollte und nach einem Ort suchte, wo es kein Sonnenlicht gab.

Sie hatte Glück. Wie es der Zufall will, hörte sie von einem Dorf in einem düsteren Tal, in dem es kein Sonnenlicht gab. Sie packte ihre Koffer, ließ die Sonnencreme und den Sonnenhut zu Hause und brach auf. Ja, dort wollte sie für eine Weile bleiben. Immer neugieriger wurde sie auf den Ort, an dem es kein Sonnenlicht und keinen Schatten gab. Immer schneller rannten ihre Beine voller Aufregung der neuen Erfahrung entgegen. Aber je mehr sie rannte, umso hektischer und aufgeregter wurde ihr Schatten – der Schatten der Verlorenheit. In einem Ort ohne Schatten würde er aufhören zu existieren, würde er sein Leben verlieren. Voller Panik fing der Schatten der Verlorenheit an zu schreien und gab sich zum ersten Mal zu erkennen: »Lauf nicht weiter, mach Halt, kehr um!« Die Frau war ganz verdutzt. Wer sprach da neben ihr? Sie sah niemanden neben sich – außer ihrem Schatten. Wieder ertönte es: »Mach Halt, kehr um!« »Wer bist du?«, fragte die Frau. »Ich bin die Verlorenheit, die dein Schatten ist«, bekannte die Verlorenheit beherzt und froh, dass die Frau Halt gemacht hatte. Sie wusste, sie hatte nur noch jetzt eine Chance – sonst würde die Frau in den Ort ohne Schatten gehen und sie damit ihr Leben verlieren.

Sie fasste Mut und erzählte der Frau ihre ganze Geschichte: Sie erzählte von ihrer tiefen Sehnsucht nach Geborgenheit, nach Liebe, nach Zärtlichkeit – nach Angenommenwerden, so wie sie war. Die Frau wurde zuerst wütend, weil die Verlorenheit ihr Leben so belastet hatte, doch dann war sie erstaunt. Vieles in ihrem Leben begann sie jetzt zu verstehen und sie wollte mehr wissen. Sie bat die Verlorenheit fortzufahren und hörte ihr aufmerksam zu. Als diese nichts mehr sagte, fragte sie: »Ja, Verlorenheit, was können wir denn da machen? Gibt es keinen Ort, der dich beschützt und an dem du die Zärtlichkeit findest, die du brauchst?« »Doch«, ertönte es schnell von der Verlorenheit. »Und was ist das?« »Ich getraue es mir kaum zu sagen.« »Feige werden gilt nicht. Fass dir ein Herz!«, die Frau wurde wieder ärgerlich. »Der Ort, an dem ich mich geborgen fühlen könnte, diesen Ort gibt es. Er ist dein Herz.« »Mein Herz? Du willst in mein Herz? Um dich noch mehr auszubreiten und mir noch mehr das Gefühl der Verlorenheit zu geben? Ich glaube, jetzt reicht es aber!« Der Ärger der Frau wurde immer größer. »Nein, so ist es nicht, ganz im Gegenteil. Es ist ganz einfach. Ich erkläre es dir«, sagte die Verlorenheit schnell. »Viele Menschen brauchen das Gefühl der Verlorenheit, um zu verstehen. Andere Menschen zu verstehen und ihre geheime Sehnsucht nach Liebe und Geborgenheit – aber auch, um sich selbst zu verstehen. Ich schenke dir das Verstehen für das Alleinsein und die Einsamkeit – und für die Sehnsucht nach Liebe und Geborgenheit. Nimm mich in dein Herz auf, auch wenn es dir schwerfällt. Deinen Füßen wispere ich zu, wohin sie gehen sollen, damit du die Liebe finden kannst. Ich flüstere in deine Hände, wen und was sie anfassen können, um zu begreifen. Und deinem Mund gebe ich den Rat, wann er endlich schweigen soll, um den Anderen still anschauen zu können. Sagst du ›Ja‹ zu mir?« Die Frau war sprachlos vor Staunen. Aber dann hörte sie sich plötzlich sagen: »Ja.« Es war ihre Sehnsucht, die sprach.

Kaum hatte die Frau das »Ja« ausgesprochen, schon war die Verlorenheit in ihren Mund geschlüpft und in ihr Herz geflossen – voller Glück und voller Tränen. Sie war endlich angekommen. Angekommen in ihrer Sehnsucht nach Geborgenheit. Noch nie hatte sie in ihrem Leben das Gefühl gehabt, angenommen zu werden, so wie sie war. Sie hatte nichts gemacht, nur einfach Mut geschöpft und sich gezeigt – in ihrer ganzen Verletzlichkeit. Sie war angekommen in der Liebe.

6. SCHRITT: MUSTER FALLEN AB UND RÄUME ENTSTEHEN – DEN EIGENEN RESONANZBODEN SPÜREN

Mit wachsendem Gefühl, mich selbst anzunehmen und Vertrauen zu haben, waren alte Verhaltensmuster abgefallen. Das Empfinden des inneren Getriebenseins hatte sich immer mehr aufgelöst. Oft waren es nur meine eigenen Vorstellungen gewesen, was alles erreicht werden sollte. Doch das Getriebensein in die Handlung und die Fantasie, dass ich »grandiose« Taten zu vollbringen hätte, waren so stark gewesen, dass es mittlerweile zu einem festen Glaubenssatz geworden war, der unbewusst wirkte. Wie es solche Glaubenssätze nun einmal in sich haben: Sie wirken im Stillen, bauen Hindernisse auf und verstellen den Blick auf die Realität. Das unerwünschte Resultat war, dass ich diesen Glaubenssatz gar nicht mehr in Frage gestellt hatte. Dazu hätte ich auch wenig Zeit gehabt, denn ich war ständig von einem Ort zum anderen geeilt. Ich erschien als Letzte zum eigenen Vortrag, um als Erste sofort wieder abzureisen. Die nächste Herausforderung wartete ja schon auf mich.

Durch das Getriebensein hatte ich mir selbst das genommen, was mir auch Erfüllung geschenkt hätte: in Ruhe und mit Distanz meine eigenen Leistungen anzuschauen. Mir auch das Gefühl der Zufriedenheit zu erlauben, wozu ich allen Grund gehabt hätte. So habe ich in vielen Fällen erst durch Abschiedsbriefe bei meinem Weggang erfahren, was ich bewirkt hatte – für andere Menschen und für die Sache. Das, was mir gefehlt hatte, war dagewesen. Aber ich hatte es nicht gesehen. Stattdessen war durch meine Umtriebigkeit fast eine »gläserne Mauer« zu anderen Menschen entstanden, weil ich meinte, immer noch mehr machen zu müssen. Auch aus der Tatsache heraus, dass es jetzt von außen nichts mehr gab, woher und wohin ich getrieben werden könnte, hatten sich für mich neue, innere Räume entwickelt. Immer weniger füllte ich sie mit Aktionen und immer mehr mit Stille und Zeit zum Wachsen. »Stille« war nicht mehr ein Pausenzeichen oder Bestandteil eines Seminars, sondern hatte sich zu einem Lebensbedürfnis entwickelt.

Je mehr ich mit mir selbst allein sein konnte, desto mehr war ich neugierig auf andere Menschen und wollte ihnen auf einer neuen Ebene begegnen. Weiter meditierte ich fast täglich. Immer mehr gelang es mir, mich weniger mit der Vergangenheit und der Zukunft zu beschäftigen, sondern im Hier und Jetzt zu leben. Achtsam wurde ich gegenüber den Wahrnehmungen meines Körpers, denn von ihm konnte ich lernen. Ich beobachtete, wo mein Herz aufgeht, wer und was mich inspirierte und mit wem ich gern lachte. Achtsam war ich gegenüber meinen Gefühlen, Gedanken und Gedankenmustern. Ich bemerkte noch deutlicher, dass ich mich in vielen Bereichen durch meine eigenen Vorstellungen eingeschränkt hatte. Sei es durch Erwartungshaltungen, sei es durch Annahmen, wie andere sind, sei es durch zu schnelles Urteilen. Der Weg ins eigene Unglück ist bekanntermaßen gepflastert mit ständigem Bewerten und Vergleichen. Fast unbemerkt war ich zu meinem eigenen Resonanzboden geworden. Ich fragte mich, was meine »alten Muster« waren, welche Einstellungen und Verhaltensweisen von der Familie oder den Erwartungen anderer geprägt waren, aber mit meinen eigenen Gefühlen oder Bedürfnissen wenig zu tun hatten. Dieses immer stärkere Schauen auf das, was ich brauchte, was mich erfüllt und glücklich macht, führte mich in eine noch größere, auch schmerzliche Unabhängigkeit: Freiheit aushalten. Andere Menschen können neue Türen und Tore öffnen, mir unerwartete Zugangsweisen und Perspektiven zeigen, mich emotional und sachlich unterstützen, wenn ich nicht mehr weiterweiß. Aber spüren und die Frage beantworten, was will ich noch in meinem Leben leben, das kann ich nur selbst ergründen – ganz für mich allein.

Erwies sich diese neue Form der Achtsamkeit mir selbst und

anderen gegenüber als stabil? Oder waren diese Schritte nur »Eintagsfliegen«? Ein Zurückfallen in alte Muster? Mir war die Gefahr bewusst: Nicht einfach Altes gegen Neues eintauschen, sondern ich musste Geduld und Vertrauen haben. Dieser Veränderungsprozess war langsam und manchmal nur schwer erträglich. Es gab einige Verhaltensmuster, die ich ablegen wollte, bei denen ich mich aber unverdrossen weiter ertappte. Doch sie ließen nach und verloren immer mehr ihre Macht. Vielleicht auch, weil ich mir selber immer weniger als eigene Oberlehrerin begegnete. So manches Auftauchen alter Verhaltensmuster konnte ich mit einem Lächeln als »Ehrenrunde« würdigen und mich gleichzeitig über neue Zugänge zu meinem Leben freuen. Ich wurde mir selbst immer mehr zur Freundin. Es war noch einmal eine Klärungsphase. Wie in einer Spirale oder auch bei einer tibetanischen Gebetsmühle wiederholten sich die Fragen: »Was soll bleiben? Was soll sich ändern? Wovon kann und will ich mich trennen? Welche Ressourcen habe ich für meinen weiteren Weg und welche brauche ich noch? Wie sind meine Beziehungen zu anderen Menschen? Was möchte ich sein: als Mensch und als Frau?«

Immer noch so viele Fragen und zu wenig klare Antworten. Aber auch hier halfen ein suchender Blick und ein offenes Ohr. Gedichte gaben mir ungewohnte Perspektiven und Mut, mich diesen Fragen auch weiterhin zu stellen. »Man muss Geduld haben, gegen das Ungelöste im Herzen, und versuchen, die Fragen selber lieb zu haben, wie verschlossene Stuben, und wie Bücher, die in einer sehr fremden Sprache geschrieben sind.« Diese Zeilen und andere Gedichte von Rainer Maria Rilke und weiteren großen Wortzauberern zeigten mir, dass ich in und mit einer solchen Situation nicht allein war. Ich hielt meine Erfahrungen, die Momente des Einsseins mit mir selbst, in einem Glückstagebuch fest. In diesem Notizbuch, das ich in dieser Zeit mit mir führte, machte ich kurze Notizen und schrieb Gefühle und Beobachtungen auf.

Oft waren es einfache und vermeintlich selbstverständliche Dinge: Beobachtungen in der Natur, Anregungen durch Gespräche, Einfälle beim Lesen oder Betrachten von Bildern, Gefühle beim Lauschen der Musik – und einiges mehr. Immer klarer wurde mir, wie oft ich nicht die Geduld gehabt hatte zu warten. Die Kunst des Machens war mir eben näher gewesen als die Kunst des Zuhörens. Immer noch war ich auf der Reise zu mir selbst – und damit auch auf neuen Wegen zu anderen Menschen. Viel mehr Zeit brauchte ich, als ich gedacht und vor allem gewollt hatte. Ich spürte, ich kann nichts »machen«, sondern es geht darum, wahrzunehmen und wachsen zu lassen. Und Geduld zu haben, viel Geduld.

INNERE STIMME:

Musst du nicht langsam achtgeben, dass du nicht zu einer lustfeindlichen grauen Maus wirst? Ein Meisterdiplom in Innerlichkeit bekommst? Bei allem Stress warst du doch oft erstaunlich unverkniffen. Möglicherweise bist du jetzt in dir zusammengesackt, nachdem du dir die Droge »Aufgabe« entzogen hast? Aber vielleicht brauchen Veränderungsprozesse doch wesentlich mehr Zeit, als wir annehmen? Ein neuer »Platz« ergibt sich vielleicht erst aus einem anderen Bewusstsein und nach einem inneren Wachsen?

Das andere Glück und die neugierige Nase

Eine Frau hatte eine sehr neugierige Nase. Eine neugierige Nase auf das Leben und was sich dort denn so tut. Schnupperte ihre Nase Morgenluft, zog es sie aus dem Bett, um zu ergründen, woher denn dieser interessante Duft käme. Hörten ihre Ohren fröhliches Lachen, blieb sie stehen und überlegte, ob sie dem Ruf dieses Lachens nicht folgen sollte. Kam ihr beim Zeitungslesen eine Idee, griff sie zum Telefon, um diese Idee sofort umzusetzen. Die neugierige Nase war für die Frau ein Glück. Sie wollte immer mehr vom Leben wissen. Vom Leben, das einfach da war und auf eine geheimnisvolle Weise wiederum auch nicht. Oft hatte sie das Gefühl, das Leben sei dort, wo sie gerade nicht war. Und flugs machte sie sich auf, um dieses Leben zu suchen. Wo war das Wissen über das Leben? Wo war das Glück? War es innen? War es außen? Rannte sie vielleicht dem Glück hinterher? Aber woher wusste sie denn so genau, dass es vor ihr lag und nicht hinter ihr zu finden war?

In all dieser Neugier und mit all diesen möglichen und unmöglichen Fragen, die das Leben stellt, war die Frau oft ratlos und ungeduldig. Sie wollte es wissen, endgültig wissen. Und schon wieder vergrub sich ihre Nase in dicke Bücher, besuchte sie Seminare, die ihr neue Fenster öffneten, legte sich auf ihr Sofa, um auf Seelenreise zu gehen und zu ergründen, woher und wohin das ganze Unternehmen denn führen würde. Um dann wieder schnell aufzustehen und zu schauen, was die Menschen in der Gruppe denn so machen. Weiter ging es dann hurtig zu Projekten, in denen sie viel Neues erfahren und lernen konnte. Projekte, von denen sie gefordert und manchmal auch überfordert wurde – sie selbst sich vielleicht am meisten unter Druck setzte. Dabei lernte sie auch vieles, was sie eigentlich gar nicht lernen wollte. Sie war eben neugierig unterwegs und ließ sich von ihrer Neugier leiten. Das war für die Frau ein Glück. Sie lernte andere Menschen kennen und hörte zu, was sie an Erstaunlichem zu sagen hatten. Von so vielen Schätzen des Lebens erfuhr sie, die sie faszinierten. Sie erkundete Länder, in denen sie ganz andere Sitten kennenlernte, Meere, in denen die Fische ihre Füße kitzelten und Klöster, in denen sie der Stille lauschte. Diese Neugier auf das Leben war wie eine geheime Triebfeder, die das Leben der Frau reich und bunt machte. Reich an Wissen und bunt an Erfahrung.

Dieses aufregende Leben der Frau mit der neugierigen Nase wäre sicherlich noch viele Jahre so weitergegangen, wenn nicht eines Tages ein Unglück passiert wäre, das zum großen Glück der Frau wurde. Es war ein kleines Unglück, wie es im Alltag oft passiert und doch ganz große Folgen haben kann. Die Frau bekam Schnupfen – einen ganz gewöhnlichen Schnupfen, dachte sie. »Leg dich hin, auch wenn es dir schwerfällt«, sagte sie sich, denn in ihrem Tatendrang hätte sie sich manchmal am liebsten selbst überholt. »Nimm die Wärmflasche ins Bett, koch dir einen Grog und bald wirst du wieder fit sein, um auf große Reise zu gehen und die Abenteuer des Lebens zu ergründen. Irgendwann wirst du es schon finden, das Glück! Und wenn es sich am Ende der Welt versteckt hat, wirst du eben bis an das Ende der Welt fahren und es aus der dunklen Höhle locken«, sagte sie sich, zog flugs die Bettdecke über beide Ohren und schlief ein.

Wie erwartet, erholte sie sich schnell. Nach wenigen Tagen bereits stand sie munter auf und wollte wieder einmal ihre Koffer packen, als sie etwas Seltsames bemerkte. Etwas war mit ihrer Nase geschehen. Die Nase war ganz anders geworden. Aber wie? Sie spürte: Ja, durch die Nase konnte sie noch atmen. Das Riechen ging auch noch, aber da fehlte etwas – da war irgendwie keine Neugier mehr in ihrer Nase! Ganz verdattert setzte sie sich hin. Sie hatte plötzlich die Lust auf neue Abenteuer verloren. Als ob sie mit dem Schnupfen die Neugier aus ihrer Nase geschnupft hätte.

Sie setzte sich hin und dachte nach. Was tun? Was sollte sie denn jetzt mit ihrem Leben tun, nachdem sie die Lust auf »das Ferne« verloren hatte? Sie sank immer mehr in sich zusammen. Sie wurde immer trauriger und bekam Angst. »Wenn ich jetzt nicht mehr so viel Lust auf Reisen habe, muss ich ja bleiben. Bleiben, einfach bleiben. Das ist ja furchtbar«, dachte sie. Aber war es wirklich furchtbar? Sie hörte ihr Herz schlagen. Zuerst voller Angst, und dann merkte sie, wie es immer aufgeregter schlug. Fast schien es sich zu freuen. »Du musst nicht immer weggehen«, flüsterte das Herz ihr zu. »Du kannst bleiben und die Menschen, die um dich herum sind, wahrnehmen. Du kannst sie anschauen und ihnen zuhören, versuchen, sie zu verstehen oder auch nicht zu verstehen, wenn du nicht willst. Deine Reisen waren neben aller Neugier auch eine Flucht. All das, was du brauchst und dich glücklich macht, ist vorhanden. Hier und jetzt – in diesem Augenblick.«

Die Frau war ganz verdattert. Sie begann, über ihr Leben nachzudenken. Hatte sie in all den vielen Jahren, in denen sie voller Entdeckungslust reiste, versäumt, etwas wahrzunehmen? Hatte sie anderen Menschen mit ihren so unterschiedlichen Erfahrungen und Sichtweisen, Kenntnissen und Begabungen, Hoffnungen und Ängsten, Sehnsüchten und Einschränkungen genug Aufmerksamkeit geschenkt? War sie in ihrer Ungeduld oft, zu oft, schnell weitergereist – auch aus Angst zu bleiben und dadurch verletzbarer zu werden?

Sie dachte an die vielen Menschen, die sie in ihrem Leben kennengelernt hatte: an das Glück, das sie mit ihnen geteilt hatte, an die Verletzungen, die sie ihr zugefügt hatten und die sie ihnen zugefügt hatte, auch an das gemeinsame Lachen, das sie eben nur mit anderen erleben konnte. Die vielen Überraschungen kamen ihr in den Sinn, die andere ihr geschenkt hatten, weil sie eben meist so anders waren, als sie im ersten Augenblick geglaubt hatte. Sie dachte an ihre eigene Begrenztheit und daran, dass sie sich oft bestimmte Vorstellungen von anderen Menschen gemacht und danach gehandelt hatte. Um dann erfahren zu müssen, dass sie so ganz anders waren. Fenster und Türen kamen ihr in den Sinn, die andere Menschen ihr geöffnet hatten und ihr damit so viel Wissen und Erfahrungen geschenkt hatten. Sie erinnerte sich an die vielen Gespräche mit Familie und Freunden, die ihr Mut gemacht oder einen Ausweg gezeigt hatten. Bilder von Menschen tauchten auf, die sie so geliebt hatte und die gegangen waren, an andere, die sie verlassen hatte. Heilende und verletzende Worte fielen ihr ein. Und sie wurde traurig darüber, dass sie anderen zu wenig gesagt hatte, wie sehr sie zu ihrem Glück beigetragen hatten, und wie dankbar sie war, mit ihnen so viel geteilt zu haben. Zum ersten Mal wurde ihr in großer Klarheit deutlich, wie sehr sie das »Du« brauchte. Das »Du«, das sie so ersehnte und vor dem sie aber auch so viel Angst hatte, dass es sie verletzen und an alte Wunden erinnern könnte. Bei all diesem Nachdenken spürte sie etwas sehr deutlich: Die Neugier hatte sie nicht verlassen – sie war einfach tiefergerutscht. In einer neuen Form war sie wieder da. Es war die Sehnsucht und das Erstaunen über die Vielfalt anderer Menschen – aber auch über die Vielfalt in sich selbst.

Die Frau stand auf und stellte ihre Koffer, die sie schon angefangen hatte zu packen, in die Ecke ihres Zimmers. Sie wusste, dass sie bleiben wollte, sich jetzt auf Menschen anders einlassen und sich selbst offener zeigen wollte. Sie spürte in sich den Wunsch, die anderen so wahrzunehmen und anzunehmen, wie er oder sie war und ist. Sie wusste aber auch, dass sie immer die Möglichkeit hatte, die Koffer zu Ende zu packen und auf neue Entdeckungsreise zu gehen – um wiederzukommen und zu bleiben.

7. SCHRITT: VERGANGENES SCHÄTZEN UND RESSOURCEN WAHRNEHMEN – DAS ALTE ERSCHEINT IN NEUEM GEWAND

Zum Bleiben braucht man Geduld. Und die hatte ich dieses Mal. Durch die Entschleunigung und Verlangsamung meiner Lebensform waren neue Wahrnehmungsräume entstanden. In der Auseinandersetzung mit meinem Leben konnte ich sehen, wie viel Positives in negativen Erfahrungen stecken kann. So zum Beispiel die Flucht aus der früheren DDR, die neben dem Verlust von Sicherheit, Geborgenheit und Zugehörigkeit mir Einfühlung gegenüber Minderheiten, Anpassungsvermögen an andere Kulturen und unerwartete Situationen geschenkt hatte. Vor dem Hintergrund dieser Erfahrung hatte ich mit dem Menschenrechtsbereich ein berufliches Tätigkeitsfeld gewählt, das gesellschaftlichen Sinn machte und mich erfüllte.

Ich konnte auch wahrnehmen, wie froh ich war, dass manche meiner Wünsche nicht in Erfüllung gegangen waren. So war es nicht nur mein Wunsch gewesen, sondern auch die Bitte meines Teams, dass ich die EU-Agentur bis zur Übernahme durch meinen Nachfolger weiterleiten sollte. Was für ein Irrtum, dass dies mich glücklich gemacht hätte: Stress und Intrigen pur – ohne eigene Wirkungsmöglichkeiten. Es bestätigte sich wieder: Manches kann ich in meinem Leben nicht ändern – meine Einstellung dazu aber von einem Augenblick zum anderen. Mit dieser Haltung betrachtete ich auch die Fülle der Krisen, mit denen ich konfrontiert gewesen war. Manchmal erhob sich in mir der leise Verdacht, dass ich mir manches Problem vielleicht selbst geschaffen hatte, um es später wieder lösen zu können. Ach, wie großartig konnte ich wieder sein. Doch diesem Phänomen gewann ich auch positive Seiten ab: Meine Erfahrungen und Fähigkeiten waren dadurch reicher geworden.

Das ruhige Betrachten meines Lebens veränderte die Richtung meines Blickes. Es war nicht mehr das Fehlende, auf das sich meine

Energie ausrichtete, sondern auf das, was vorhanden war und für das ich voller Dankbarkeit war und bin. Ich war im Leben reich beschenkt worden. Vor allem die Begegnungen mit Menschen verschiedener Kulturen, Religionen, Hautfarbe und Herkunft hatten mein Leben so lebendig und weit gemacht. Besonders bei meinem sechzigsten Geburtstag, den ich mit meinen Freunden und Wegbegleitern feierte, konnte ich sehen und spüren, wie viele Facetten mein Leben gehabt hat, mit wie vielen unterschiedlichen Menschen in den verschiedensten Lebens- und Berufsbereichen ich verbunden war – und bin. Ich erfuhr, welch ein Reichtum an Lebensfäden sich gesponnen hatte, der mich über diesen Tag hinaus trug. So war ich eingebettet in ein reiches Beziehungsnetz, auf das ich zurückgreifen konnte und wieder mehr zurückgriff. Es bestätigte sich: Durch den inneren Rückzug hatte ich nicht nur eine neue Nähe zu mir selbst gefunden und wahrnehmen können, was mein Körper, meine Seele und mein Geist mir alles erzählten, sondern ich hatte zu einer neuen Balance gefunden zwischen innen und außen, Verstand und Gefühl, Aktion und Stille. Indem ich nicht auf alte Verhaltensmuster zurückgegriffen hatte, hatte ich mir selbst Zeit gegeben, langsam zu wachsen. Vor allem meiner Seele, die mit meinem früheren Tempo sicherlich das eine oder andere Mal nicht mitgekommen und hinterhergehechelt war. Verhaltensmuster waren von mir abgefallen wie eine alte Haut. Ich hatte mich gehäutet.

Mein Vertrauen hatte sich bestätigt, dass mein Veränderungsprozess mit all seinen Phasen und Aufs und Abs nicht im »Nichts« enden würde. Längst vergessene Talente hatten mittlerweile in meinem Leben einen festen Raum bekommen. Malen und Schreiben waren zu einem festen Bedürfnis von mir geworden. Die Poesie in mir inspiriert und öffnet neue Räume, schenkt mir Freiraum und Kreativität – mein analytischer Geist begreift und schafft Zuordnungsmöglichkeiten, gibt Schutz und Struktur. Aus dem

»Entweder-Oder« wurde ein »Und«. Die Konsequenz war klar: Diese Lebenswünsche konnte ich mir nicht erfüllen, wenn ich weiter in Institutionen arbeiten würde, vor allem in internationalen. Ich musste meine ganz eigenen Wege gehen können. Ich brauchte mehr Freiraum als vorher. Ohne dass ich mich vorher lange damit auseinandergesetzt hatte, wachte ich eines Morgens auf und wusste: Ich lasse mich früher pensionieren. So schnell wie möglich – und so geschah es.

Ich hatte meinem Lebensweg neue Pfade hinzugefügt. Pfade, die ich weiter beschreiten wollte und will. Es waren Wege, die sich von kaum wahrgenommenen Nebenwegen zu Hauptwegen entwickelt hatten. »Vielfalt« war und ist mein Lebensthema. Respekt für die Vielfalt nicht nur von anderen Menschen, sondern auch meine eigenen vielfältigen Bedürfnisse und Möglichkeiten, widersprüchlichen Gefühle und Fähigkeiten wahrzunehmen und zu leben. Fast automatisch hatte ich eine neue Perspektive zu meinen alten Themen gewonnen: Fragen des Umgangs mit kultureller Vielfalt noch deutlicher von seinen Potenzialen her zu betrachten und zu vermitteln und noch lösungsorientierter zu arbeiten. Noch intensiver richtete ich mein Augenmerk darauf, individuelle und subjektive Wahrnehmungen zu verändern. Es ging und geht mir um eine Veränderung des Bewusstseins: Wie nehme ich mich selbst und andere wahr? Stimmt diese Wahrnehmung? Wie werden nicht gelebte Fähigkeiten erkannt und wie die erkannten gelebt?

Doch halt! Bei diesen tiefgreifenden Erkenntnisfragen muss ich wegen meines missionarischen Talents sofort einschränken: meine eigene Wahrnehmung nicht für die Wahrheit halten. Zu allem gibt es immer eine andere Perspektive als die, die ich habe und hatte. Dieser Perspektivenwechsel schenkte mir auch einen anderen Zugang zu meinen Fehlern. Fehler wurden noch stärker zu meinen Lernfeldern, zeigten mir meine Begrenzungen und die von anderen. Mit diesen Einschränkungen und dem Anklang von weiser Bescheidenheit gestand ich mir trotzdem ein, wie gern ich nach wie vor andere Menschen ermutigte und mit welcher Freude ich meine alten Erfahrungen und neuen Erkenntnisse weitergab und gebe, gefragt und ungefragt, im Gespräch und in der Öffentlichkeit. Das Alte erschien im neuen Gewand, und Neues war da.

INNERE STIMME:

Übertreibst du nicht bei so viel Abgeklärtheit? Wo ist das spielerische, heitere kleine Mädchen denn geblieben, das du doch auch einmal warst? Mittlerweile durch Altersweisheit begraben? Das kann es doch auch nicht sein – bei all der vielen Mühe zur Selbstfindung. Aber ich muss zugeben, du hast einen großen Schatz an Erfahrungen gewonnen – und dich vor allem auch mit den Schattenseiten deines Lebens auseinandergesetzt. Vielleicht hat es doch viele Vorteile zu sehen, dass traumatische Erfahrungen auch eine große Ressource sein können, die wir oft nicht richtig wahrnehmen und achten?

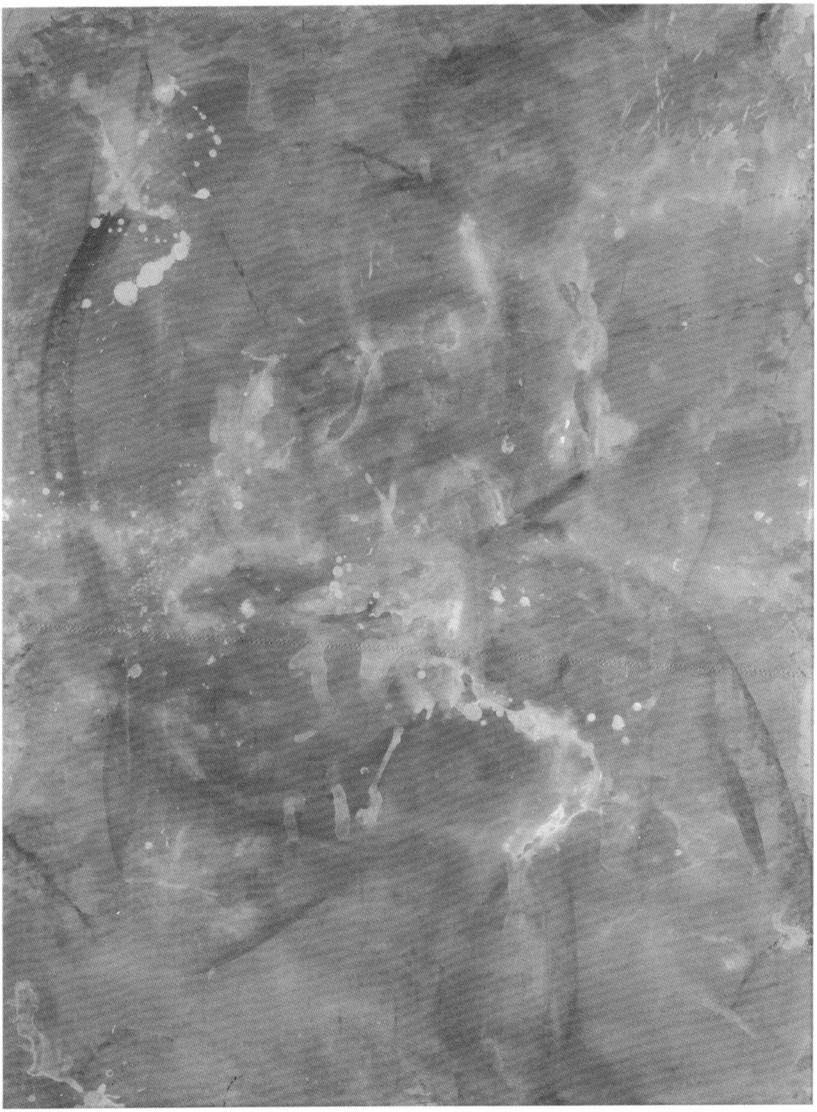

Der kleine Junge, der ständig unterwegs war

Lebendig und fantasievoll, witzig und neugierig war ein kleiner Junge ständig unterwegs. Er tollte den ganzen Tag herum, war kaum zu fassen und immer voller Ideen. Auf das Leben war er so neugierig – auf all seine Verheißungen. Er hatte Glück. Er lebte in einem Haus mit geheimnisvollen Düften, die ihn zu Schubladen und Koffern, auf den Dachboden und in den Keller zogen, wo es alte Dinge neu zu entdecken gab. Dinge, die seine Fantasie für Entdeckungsreisen zum Klingen brachten, zu denen er andere Kinder einlud. Reisen, die auf Bäumen begannen und mit Gelächter endeten. Reisen, in denen sie das Staunen lernten, das Fallen, wenn es zu waghalsig wurde, und das Aufstehen, um weiterzumachen. Der kleine Junge hatte sich sein eigenes Kinderparadies geschaffen. Räume für die Neugier, Bäume zum Beschützen, Wasser für die Lebendigkeit und Äpfel für die Lust.

Doch das Paradies des kleinen Jungen war ein sehr kleines und überschattet von Menschen, die Freiheitsräuber waren. Nicht, dass sie ihn eingeschränkt hätten bei seinen täglichen Erkundungen. Nein. Es war der Geist, der über dem Land schwebte, in dem der kleine Junge wohnte. Ein Geist, der immer bedrohlicher wurde, ein Geist, der die Menschen zwingen wollte, in einer bestimmten Weise zu denken und zu handeln. Alles andere war verboten. Dieser Geist wurde so mächtig, dass die Eltern des kleinen Jungen beschlossen zu fliehen. Sie packten heimlich und im Dunkeln das Wichtigste für die Lebensreise, ohne dem kleinen Jungen etwas zu sagen. Sie nahmen ihn an der Hand, erzählten von einem Land der großen Verheißungen, in das sie jetzt einen Ausflug machen würden. Der kleine Junge steckte voller Vertrauen seinen Lieblingsbären ins Gepäck, einen roten Wollpullover für kalte Tage, ein dickes Salamibrot, falls er hungrig würde, und ging mit in das Land der großen Verheißungen, in dem es wunderschöne Spiele geben sollte.

Aber das wirkliche Leben war ganz anders. Der kleine Junge wurde von einer Sekunde zur anderen zum Flüchtling. Seine Familie war geflohen. Er war geflohen, ohne zu wissen, dass er geflohen war. Er hatte nicht Abschied nehmen können von den Plätzen, die ihm so viel Raum gegeben hatten, und von den Menschen, die er so gerne zum Lachen brachte. Verloren hatte er aber auch das Vertrauen, dass das Leben weiter so spielerisch fließen würde. Der kleine Junge spürte einen tiefen Schmerz, den er in seinem Herzen versenkte. Versenkte, um zu vergessen, was er alles verloren hatte, und um es als seinen geheimen Schatz weiter zu behalten, wie ein kleines, unsichtbares inneres Feuer, das ihn weiter am Leben hielt. Er hütete dieses heimliche innere Feuer, denn für das, was er jetzt erlebte, brauchte er viel Kraft. Das Land der großen Verheißungen war ganz anders, als er gedacht hatte. Ständig wurde er daran erinnert, dass er nicht dazugehörte und jetzt arm war. Verunsichert schickte er seine Seele aus, um zu erkunden, wie die neuen Menschen sind, was sie bezaubert oder begeistert. Es war so schwer, sich zurechtzufinden. Er verstand diese neue Welt nicht. Trotz allen Bemühens hatte er keine Schlüssel gefunden, um die geheimen Türen zu anderen zu öffnen. Er hatte keine Menschen gefunden, die ihm das neue Leben erklärten. In der Schule lachten sie über ihn, weil er eine so andere Sprache sprach, oder er als einziger kein Geld für all die Köstlichkeiten hatte, die sich die anderen lustvoll gönnten. Ach, die anderen – er hätte so gerne neue Freunde gehabt.

So begab sich der kleine Junge auf die Suche. Er suchte und suchte, um das Kinderparadies wiederzufinden. Dahin konnte er ja nicht zurück, aber vielleicht gab es ein anderes, ein ähnliches. Der kleine Junge wanderte zu grünen Hügeln, kletterte auf mächtige Berge, segelte durch wilde Meere, spazierte in alten Städten, rannte durch verschlafene Dörfer und flog zu neuen Kontinenten – immer auf der geheimen Suche, ein neues Paradies zu finden. Ein Paradies, aus dem man nicht vertrieben würde, in dem er bleiben könnte und wo er richtig dazugehörte. All die vielen Reisen brachten den kleinen Jungen zu Menschen, die ihn berührten und die ihn verletzten. Aber er begegnete auch Menschen, die ihn liebten. Immer hatte er sein Herz unter dem Arm, weil er nun einmal mit dem Herzen reiste. Das war gut, aber auch schlecht. Das Herz zeigte ihm Geheimnisse des Fremden, die er sonst nie entdeckte hätte, aber es machte ihn auch sehr verletzlich. So wurde der kleine Junge älter. Immer noch reiste er, um sein Paradies zu finden. Er begegnete Menschen, die er lieben lernte, und fremden Kulturen, die ihm neue Türen öffneten. Alte Weisheiten brachten ihn zum Staunen und verstaubte Ansichten zum Lachen. Er wurde immer neugieriger auf das Leben und auf die Welt.

Das Leben schenkte dem kleinen Jungen Glück. Um auf einer großen Reise ein wenig zu rasten, setzte er sich unter einen behäbigen, großen Baum. Als der kleine Junge versonnen in die Krone des Baumes blickte, fing der Baum an zu sprechen: »Warum bist du denn ständig unterwegs, kleiner Junge?« Der kleine Junge war verdutzt: Ein Baum, der spricht? Aber, wie er mittlerweile wusste, die Welt war voller Wunder. »Ich suche mein Kinderparadies, das ich verloren habe. Ich suche einen Platz, an dem ich bleiben kann und richtig dazugehöre.« »Ach«, sagte der Baum, » du willst einen Platz, an dem du dich nicht wegbewegen musst? So wie ich hier? Als Baum bleibst du immer am selben Fleck, wenn nicht gerade verrückte Menschen kommen und dich umpflanzen.« »Ja«, sagte der kleine Junge, »es wäre schön, Baum zu sein.« »Schön?« antwortete der Baum, »ich würde so gern andere Länder und Bäume sehen, mich in einem Bach suhlen, um so viel Wasser zu haben wie ich will. Ich könnte vor dem Gewitter wegrennen, weil ich immer Angst davor habe, dass der Blitz in mich einschlägt. Schau, was du alles gelernt hast, weil du eben nicht dazugehörst. Du kannst dich so schnell einfühlen in fremde Menschen, dich anpassen in eine unbekannte Umgebung, ohne dich zu verlieren. Ich wäre gerne ›Du‹. Können wir nicht tauschen?«

Der kleine Junge war verdutzt. So hatte er sein Leben noch nie gesehen. Vielleicht hatte er auf der Suche nach seinem Kinderparadies etwas anderes gefunden? Seine Freude an der Vielfalt des Lebens? Hatte er nicht durch die Flucht und all das, was sie bewirkt hatte, so viel Wissen und Erfahrungen gewonnen, die ihn jetzt leicht durch das Leben gehen ließen? Genügte es vielleicht, dass er sein Kinderparadies einfach in sich trug und gar nicht mehr suchte? Als der kleine Junge darüber nachdachte, fuhr der Baum fort: »Können wir nicht für einige Zeit tauschen? Du bist Baum und ich ein kleiner Junge, der ständig unterwegs ist?« »Ich glaube, Baum zu sein ist mir zu langweilig« sagte der kleine Junge schnell, »aber ich habe eine Idee. Du kannst ja zaubern, sonst könntest du nicht sprechen. Zaubere mir doch einen fliegenden Teppich, dann kann ich bleiben oder fliegen – so wie ich will. Ich kann dich schnell besuchen und dir von den Erstaunlichkeiten des Lebens erzählen.« Der Baum wiegte seine Krone bedächtig und sagte nach einigem Zögern: »Ja. Das machen wir.« Gesagt, gezaubert.

Mit ordentlichem Getöse flog ein glänzender Teppich herbei und machte Halt vor dem kleinen Jungen. Er packte seine Sachen zusammen, vergaß Augentropfen, Ohrentropfen und den roten Wollpullover für kalte Tage nicht, steckte noch ein Salamibrot ein, umarmte den Baum und flog weg. Er flog hin zu fremden Menschen, denen er sein Herz öffnete und die alle so verschieden waren – hin zu fremden Kulturen, die ihm unbekannte Geheimnisse des Lebens anvertrauten. Dankbar besuchte er immer wieder den Baum, und beide lachten und weinten über seine Abenteuer. Dankbar auch, weil er seinen Blick auf sein Leben hatte ändern können. Allein durch seine Fragen hatte der Baum ihm den Reichtum gezeigt, den er besaß, weil er offen war für das Andere und Unbekannte – und dem Leben als Fremder begegnen konnte.

8. SCHRITT: »JA« ZU MEINEM LEBEN UND ZU MIR SELBST – NEUE LEBENSENERGIEN SIND GEWACHSEN

Offen für das Unbekannte wollte ich jetzt in erster Linie anderen Menschen gegenüber sein. »Es reicht mit der Selbstbetrachtung«, dachte ich mir, halb ergriffen von den Erfahrungen, die ich mit mir selbst gemacht hatte. »Es ist höchste Zeit, wieder nach außen zu gehen.« Doch ich wusste immer noch nicht, welche Macht Schatten in meinem Leben hatten. Sie tauchten wieder auf – mit meiner Malerei. Während dieser letzten Phase meines Veränderungsprozesses hatte ich noch einmal das Bedürfnis, mein »Ja zu mir selbst und zu meinem Leben« anzuschauen. Die inneren Bilder, die ich mittlerweile gewonnen hatte, wollte ich nach außen bringen, sie wie bei einem Ritual bekräftigen. So malte ich 32 kleinformatige Bilder, bei denen es um Achtsamkeit und Respekt, mein berufliches Wirken und meinen Körper, meine Beziehungen zu anderen und zu mir selbst ging – und einiges mehr. Unbewusst hatte ich gehofft, dass damit meine Gefühle von Traurigkeit und Einsamkeit, von Angst und Sehnsucht sich endgültig auflösen würden. Dies waren nach wie vor Vorstellungen, die ich hatte.

Irrtum, sagte mir mein Leben, als ich eines Morgens mit Gefühlen von Mehltau und einem grauen Schleier über meiner Seele aufwachte. Vielleicht doch kein Irrtum, meinte ich und führte meinen malerischen Zyklus fort. Ich konzentrierte mich jetzt auf Schatten, die mein Leben begleitet hatten. Verlorenheit und Krankheit, Scham und Schuld, Alter und Tod – und einiges mehr. Zu meiner Überraschung entdeckte ich, dass diese Bilder nicht nur eine andere Tiefe und Dichte und eine größere Ausdrucksstärke und Sensibilität hatten als die Bilder davor, sondern auch eine höhere farbliche Intensität. Ich begriff noch klarer: Auch meine Schatten wollen bejaht werden. Diese Erfahrung hielt ich in meinen »Bildgedanken« fest und war froh, dass ich meinen Gefühlen gefolgt war und noch eine kleine »Ehrenrunde« eingelegt hatte.

Doch ich brauchte auch die Klarheit meines Verstandes. Ich wollte wissen, ob mein Veränderungsprozess mit seinen Ergebnissen auch meinen rationalen Überlegungen standhielt. So überprüfte ich anhand eines Strategieprozesses, der für Firmen entwickelt worden war, professionell meine eigenen Vorstellungen für meine Zukunft. Folglich zog ich meine Flipcharts hervor, identifizierte noch einmal meine Stärken und Schwächen, befasste mich mit meinen Kernkompetenzen, ließ mich auf meine Zukunftsbilder ein: meine Malerei, meine Beschäftigung mit Potenzialen und mein Engagement für Menschenrechte zu leben und miteinander zu verbinden. Sie ergänzten und bedingten sich: das Ich, das Du und das Wir. Für mich bilden sie eine Einheit. Eine Einheit, die sich für mich in der Bezeichnung »Co-Pilotin für Chancenvielfalt – und Malerin« widerspiegelt. So habe ich mir meine eigene Berufsbezeichnung kreiert, die meinem widersprüchlichen Leben einen Rahmen gibt. Aus dem ich gern hinausfalle, um mich wieder neu zu entdecken und zu entfalten. Wie der Frosch in der Milch – mit Strampeln in der Stille – bin ich auf einem kleinen Butterberg gelandet, der mich trägt und wieder loslässt, wenn ich einen Ruf nach Veränderung höre. Leben bedeutet Veränderung, von Tag zu Tag, von Stunde zu Stunde.

Angekommen bin ich auf einem Kontinent, der »Veränderung« heißt. In den letzten Jahren habe ich den tiefsten bewussten Veränderungsprozess meines Lebens durchlebt und mich selbst auf den Prüfstand gestellt. Ganz gegen meine Gewohnheit bin ich nicht einem Aktionstaumel verfallen, obwohl ein Teil von mir das sehr gern gehabt hätte. Ich habe standgehalten, mich diesem Prozess ausgesetzt: Altes losgelassen, auch damit Neues wachsen konnte. »Loslassen, immer wieder loslassen«, summte es ständig wie ein Mantra in mir. Es fiel mir schwer. Sehr schwer. Mit zentralen Lebensthemen habe ich mich selbst konfrontiert und bin konfrontiert worden. Fernab von äußeren Strukturen und inneren

Konzepten, die ich für meine eigene Lebensgestaltung fatalerweise besonders liebte – und immer noch liebe –, hatte ich unerwartet die Möglichkeit, mein Leben mit Distanz zu betrachten und neu zu erzählen. Immer mehr habe ich die Fragen lieben gelernt, obwohl ich mich doch so sehr nach Antworten sehnte. Im Nachdenken und Lesen alter Aufzeichnungen konnte ich sehen, dass ich unbewusst davon ausgegangen bin, irgendwann einmal in eine Situation zu kommen, in der sich alle Dinge gerundet haben und ich meinen festen, stabilen Platz gefunden haben werde. Ich brauche mich nur »richtig« anzustrengen und die »richtigen« Dinge zu tun – ein Quäntchen Glück gehört selbstverständlich auch dazu – und dann ändert sich alles.

Dieses Bild hat sich verändert. Ich konnte erfahren, dass das Glück nicht hinter oder vor mir ist, sondern in mir selbst liegt, in der Beziehung zu mir selbst, zu anderen Menschen und zur Welt. Zeit und Raum brauchte ich, um mir selbst zu begegnen und Widersprüche und Paradoxien, Bewusstes und Unbewusstes, meine Bedürfnisse und meinen Willen miteinander zu verbinden. Sicherlich nicht in allen Aspekten, doch in vielen. Wichtige Entwicklungen und Weggabelungen lernte ich zu verstehen – manche jedoch bis heute nicht. Aber kommt es darauf an, alles verstehen zu wollen?

Schwierige Themen und Gefühle, die ich loswerden wollte, zeigten immer wieder ihr Gesicht und wollten angesehen und angenommen werden – bis sie verblassten und ihre Macht verloren. Auch der Schmerz der vielen großen und kleinen Abschiede verhallte während des Prozesses immer mehr. Der Abschied von Menschen, Einfluss und Macht – und nicht zuletzt der Abschied von einer ganzen Lebensphase. Doch diese Abschiede erinnern mich an meine eigene Vergänglichkeit und verbinden mich mit der Natur. Sie zeigt mir jeden Tag und jede Minute, dass alles mit allem verbunden ist und mein Leben sich stetig ändert. Der Himmel, diese schwebende Kraft über mir, erinnert mich besonders an stürmischen Tagen daran, dass kein Augenblick dem anderen gleicht. Jetzt jage ich weder Wolken noch Aufgaben hinterher, sondern finde wachsende Balance zwischen Tun und Lassen und will mich immer mehr zu der entwickeln und entfalten, die gemeint ist – wohl bis zu meinem Tod. Mein Geschenk ist mein Leben. Mein Leben zu leben, für das ich allein die Verantwortung habe. Nun weiß ich: Ich habe meine Krise als Chance genutzt.

INNERE STIMME:

Die innere Stimme des Zweifels war immer leiser geworden. Doch sie wird zu einer anderen Zeit und an einem anderen Ort wieder stärker werden. Vor allem dann, wenn es um Veränderung, um Vergehen und Werden, geht.

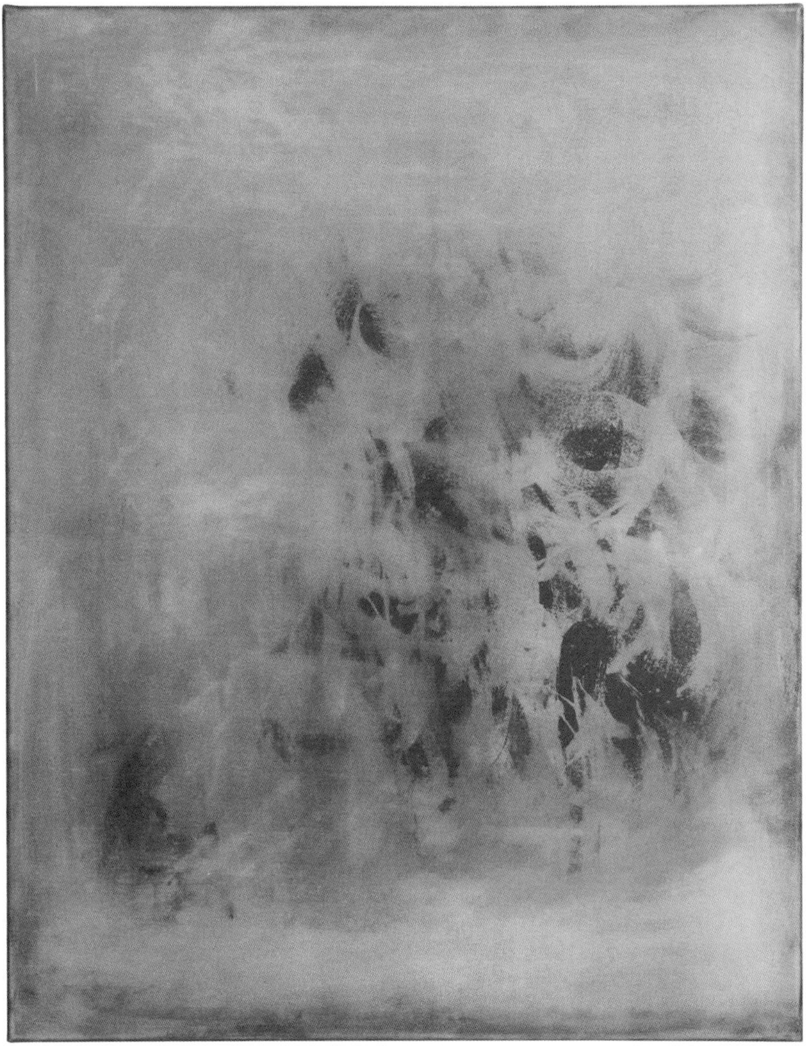

Eine kleine Raupe fraß fröhlich vor sich hin. Glücksklee am Abend, Löwenzahn am Morgen, Brennnesseln am Mittag. Doch die kleine Raupe fraß nicht nur, sie hatte auch ein sehr aufregendes Leben. Ein Leben voller Überraschungen. Kaum war sie bei einer Wiese angelangt und hatte Gras für Gras, Kraut für Kraut, Blume für Blume ausführlich erkundet, zog es sie auf den Kirschbaum. Kirsche für Kirsche wurde eifrig berochen, Blatt für Blatt emsig bekrochen, Ast für Ast eilig bekrabbelt. Eilig, weil sie schon wieder unterwegs sein wollte. »Auf zu neuen Taten«, sagte ihr kleiner, schwerer Raupenkopf. »Du hast heute noch viel zu erledigen. Du musst deinen ganzen Verpflichtungen nachkommen. Du musst noch ordentlich den schweren Boden durchwühlen. Danach musst du ein paar Tautropfen zum Bach tragen, der sieht ja schon ganz ausgetrocknet aus, nur weil du nicht da warst. Und vergiss nicht: Du musst das große Festmenü für deine Freunde kochen. Und das Konzert der Grillen wolltest du auch noch besuchen!« Der kleinen Raupe wurde ganz schwindelig im Kopf bei dem Gedanken, was sie an diesem Tag noch alles zu erledigen hatte. So ging es Tag für Tag. Die kleine Raupe wühlte und ackerte, kroch und robbte, schlängelte sich hin und her. Bei all ihren Tätigkeiten hatte sie vieles gelernt, fast beherrschte sie das volle Raupenrepertoire. Trotzdem seufzte sie immer wieder und immer häufiger. Mit einem großen Grashalm wischte sie sich den Schweiß von ihrer Stirn. »Ach, ist das alles anstrengend, was habe ich nicht alles zu tun. Noch schlimmer: Welche großen Aufgaben wird es in meinem kleinen Raupenleben noch geben, die ich erfüllen muss? Aber so ist es eben einmal: Hier bin ich – wo ist die Aufgabe?«

Und so ging es Jahr für Jahr. Die kleine Raupe wurde immer dicker und dicker, ihre Beine müder und müder, und Falten furchten ihre Stirn vom vielen Nachdenken. Sie fühlte sich wie eingepanzert. Eingepanzert in ihren Raupenkörper, der nicht mehr so geschmeidig war wie früher, sondern immer grauer und müder geworden war. Doch Ruhe gab es kaum. Noch weniger gab es Zeit, den Wolken nachzuschauen oder den Bienen zuzuhören. Immer hatte die kleine Raupe etwas zu tun, immer meinte sie, etwas tun zu müssen. »Du musst etwas sein. Du musst die Erwartungen erfüllen. Du musst doch die herrliche, große Raupe werden, die du dir einmal vorgenommen hast zu werden, damals, als du noch so klein warst«. Dieses ständige »Du musst …« machte die Raupe immer trauriger und immer müder. Immer größere Kraft kostete es sie, auf ihre vielen Füße zu kommen und tapfer durch den Tag zu kriechen, um danach noch müder in ihr kleines Erdloch zu schlüpfen. Auf und ab, auf und ab, so ging es fort und fort.

Eines Tages geschah aber etwas Merkwürdiges. Als eines Morgens die kleine Raupe erwachte, musste sie entsetzt feststellen, dass sie ihre Augen nicht mehr aufmachen konnte. Sie versuchte, ihre Lider auseinanderzuziehen – nichts bewegte sich. Die kleine Raupe geriet in Panik. » Bin ich jetzt blind? Was ist das? Das ist ja furchtbar! Ich kann ja heute all meine Vorhaben nicht ordentlich erledigen!« Sie weinte und wusste nicht, was sie tun sollte. Schließlich wurde sie immer stiller. Da hörte sie plötzlich ihre Augen sprechen. Nein, es war ein Flüstern. »Hab keine Angst, kleine Raupe, vertraue uns, deinen Augen. Du brauchst Ruhe, kleine Raupe.« Die kleine Raupe wurde unruhig. Ruhe? Wieso Ruhe? Es gibt doch so viel zu erledigen und so viel zu erfahren! »Vertraue uns, kleine Raupe, wir spüren, wie du dich wehrst. Gönn dir und uns bitte Ruhe. Wir bitten dich ganz inniglich«, flüsterten die Augen zärtlich. »Warum denn? Ich verstehe das nicht! Bitte erklärt es mir« bat die kleine Raupe weinend, weil sie doch nicht sehen konnte und eine solche Angst hatte, blind zu werden. »Weil du Ruhe brauchst zum Wachsen. Du willst wachsen, kleine Raupe, willst dich verändern. Du willst noch etwas ganz anderes werden.

Du weißt es nur noch nicht. Du wirst wieder sehen können, aber ganz anders.« »Was denn?«, fragte die kleine Raupe, mittlerweile neugierig geworden. »Das können wir dir noch nicht sagen«, flüsterten die Augen. »Das Einzige, was jetzt zu tun ist, ist Pause zu machen, dich in Stille einzuhüllen. Schlaf, kleine Raupe, schlaf.» Die kleine Raupe war erleichtert. Es gab Hoffnung. Und sie schien keine andere Wahl zu haben. Die zärtliche Stimme hatte etwas in ihr berührt. »Na ja«, sagte die kleine Raupe, »jetzt hast du wenigstens einen Grund zu schlafen«, seufzte sie und fiel in einen tiefen Schlaf. Doch während sie schlief, hörte sie immer das leise Flüstern. »Hab Vertrauen, kleine Raupe. Vertraue dem Leben! Vertraue deiner inneren Stimme. Du willst noch etwas ganz anderes leben, kleine Raupe, nicht nur deine schwere Arbeit. Folge unserem Flüstern, es ist voller Zärtlichkeit für dich, für deine Gaben und dein Wachsen! Lass los, kleine Raupe, lass los!«

Das zärtliche Flüstern war wie Musik für die kleine Raupe. Es brachte Töne in ihr zum Klingen, die sie so noch nie vernommen hatte. Leise Melodien voller Sanftheit und voller Wärme, Lieder der Leichtigkeit und der Heiterkeit, ein Summen des Lächelns und der Seelenruhe. Die kleine Raupe vertraute dem Flüstern und der Seelenmusik. Sie ließ sich immer mehr in ihren kleinen Raupenkörper fallen und spürte plötzlich, dass ihr Körper sich zu verändern begann. Am Anfang tat es weh, dann löste sich der Schmerz auf. Zuerst waren es die Füße, die so ganz anders wurden, ihre Schwere verloren und sogar eine andere Form bekamen. Dann veränderte sich auch der Bauch. Sie hatte plötzlich eine ganz schmale Taille. Schließlich der Rücken, was tat sich denn da, am Rücken? Die kleine Raupe wurde wieder unruhig. Doch die Seelenmusik flüsterte weiter Melodien für ihr Leben in ihren Körper. Und dann erwachte sie und konnte es kaum fassen: Sie konnte wieder sehen, richtig sehen. Eine Welle, nein, ein Strom des Glücks floss durch ihren Körper. Sofort wollte sie sich aufmachen, um hurtig auf den nächsten Birnbaum zu klettern, doch – oh Schreck – das ging nicht! Von Panik erfasst, schaute sie auf ihren Körper und sah das Wunder: In dem tiefen Schlaf war etwas ganz Neues gewachsen, sie war zu einem wunderschönen, zarten, leichten Schmetterling geworden. Vorsichtig und noch zaghaft entfaltete der Schmetterling seine Flügel und staunte: Sie waren so leicht und getupft in schillernden Farben. Die Flügel wollten von dem Abendhauch und dem Morgenwind getragen werden. Der Schmetterling schaute und staunte, staunte und schaute. Dann schwebte er los. Er schwebte zu den Rosen und schwelgte in ihrem Duft. Er flatterte zu dem Morgentau und badete seine Flügel. Er begrüßte die Bienen und genoss ihren Honig.

Dann flog er zu den Grillen, um mit ihnen ein Konzert zu machen, das dem lauten Zirpen der Grillen eine Stimme gab und seinem leisen Flügelschlag eine andere. Seine Melodien beglückten den gerade erwachten Schmetterling tief, weil sie vom Vergehen und Werden erzählten und dem Vertrauen in das Leben, das sich wie sein Atem ständig und fließend bewegte. Er spielte so dankbar und so innig, dass einer dicken Raupe, die zufällig vorbeikam und das Konzert hörte, die Tränen kamen. Tränen der Freude, weil der Klang der Schmetterlingsflügel ihre Seele tief berührte. Es war ein Flüstern, das nach etwas Unbekanntem rief.

DU MUSST DAS LEBEN NICHT VERSTEHEN

Du musst das Leben nicht verstehen,
dann wird es werden wie ein Fest.
Und lass dir jeden Tag geschehen
so wie ein Kind im Weitergehen von jedem Wehen
sich viele Blüten schenken lässt.

Sie aufzusammeln und zu sparen,
das kommt dem Kind nicht in den Sinn.
Es löst sie leise aus den Haaren,
drin sie so gern gefangen waren,
und hält den lieben jungen Jahren
nach neuen seine Hände hin.

RAINER MARIA RILKE

WAHRNEHMUNGEN & WISSEN, ÜBUNGEN & ENTSCHEIDUNGEN

MENSCHEN UND MÖGLICHKEITEN, DIE EINE UNTERSTÜTZUNG WAREN

Die größte Unterstützung und ein kostbares Geschenk während dieses Prozesses waren meine Freunde. Der Austausch mit ihnen und die Anregungen, die sie gaben, ihre Achtsamkeit und Geduld, Liebe und Zuwendung haben meine Einsamkeit und Angst, Verunsicherung und Unsicherheit milder werden lassen. Ihnen danke ich sehr. Gelassenheit und Zuversicht, Verständnis und Verbundenheit habe ich auch durch meine »lyrischen Unterstützer« erfahren – neben der Musik, die mich während dieser Zeit intensiv begleitet hat. Einige Gedichte, die für mich eine besondere Bedeutung hatten, habe ich ausgewählt, andere sind später dazugekommen. Sie sind in diesem Buch zu finden.

Darüber hinaus war es ein ganzes Bündel von Entscheidungen und Handlungen, Wissen und Wahrnehmungen, Übungen und Sichtweisen, das mich bei meinem Veränderungsprozess unterstützt hat. Sie sind zu Erfahrungen geworden, die mir auch für die Zukunft eine neue Kompetenz gegeben haben, mit Veränderungsprozessen umzugehen. Ich habe sie unter vier Überschriften, die sich auf die Schritte meines Veränderungsprozesses beziehen, zusammengefasst und kurz beschrieben:

1. ABSCHIED NEHMEN, TRAUERN UND MICH MIT MEINEN VERÄNDERUNGEN AUSEINANDERSETZEN

- Die grundsätzliche Entscheidung, innezuhalten, nicht weiterzumachen und mich auf den Veränderungsprozess einzulassen. Meine Rahmenbedingungen in diesem Moment nicht zu verändern und meine Beziehungen zu Freunden und Bekannten zu pflegen. Mir selbst Raum zu geben und nicht in eine Hektik zu verfallen, ständig unterwegs sein oder etwas tun zu müssen. Dadurch hatte ich die Möglichkeit, eine innere Veränderung zu erleben, der eine äußere folgte.
- Bewusst Abschied zu nehmen und mich mit meiner Vergangenheit zu versöhnen. Auch durch Rituale, in denen ich mich von meiner früheren Lebenssituation verabschiedet habe. Zum Beispiel durch das Niederschreiben meiner Erfahrungen in der EU-Agentur. In 44 Kapiteln habe ich zusammengefasst, was ich während dieser Zeit erlebt und aus dem Erlebten gelernt habe. Aber auch bewusstes »Aufräumen« in meinem Leben: Wovon will ich mich trennen? Was passt nicht mehr?
- Das Wissen, wie innere Veränderungsprozesse ablaufen, aber auch zu sehen, dass es sich auf Grund meines Alters um eine besondere Situation handelt. Mein Alter und meine Altersversorgung gaben mir die große Möglichkeit, mich relativ frei von familiären, gesellschaftlichen und finanziellen Zwängen zu fragen und in mich hineinzuhorchen: Was will ich noch leben?
- Das Wissen um erfolgreiche Veränderungsprozesse und die Entwicklung von Zukunftsstrategien im Organisationsbereich, das ich auf den persönlichen Bereich übertragen habe. Ebenso hilfreich war, eine Ausgangsanalyse für mich selbst zu erarbeiten, z.B. die klassische »SWOT-Analyse« (»Strength, Weakness, Opportunities, Threats«, auf Deutsch »Stärken, Schwächen, Möglichkeiten, Bedrohungen«) zu benutzen und mich mit meinen

Kernkompetenzen auseinanderzusetzen. Mich auch zu fragen: Was will ich behalten und verändern? Was sind meine Optionen? Was brauche ich dazu an Ressourcen, was sind die wichtigsten Hebel? Und nicht zuletzt die »goldene Frage« für ein Zukunftsbild: Was muss geschehen sein, wenn ich in drei Jahren sagen kann »Ich führe ein erfülltes Leben, mit dem ich zufrieden bin«?

2. STILLE, STANDORTBESTIMMUNG UND VERÄNDERUNG VON SICHTWEISEN

- Meditation und Schweigeseminare, die mich mit der Welt der Stille verbunden und mich zu einer neuen inneren Ruhe gebracht haben. Sie haben nicht nur zu einer Beruhigung des Geistes geführt, sondern mich auch spiritueller werden lassen und mich stärker mit der Natur verbunden.
- Mich in das Alleinsein zu begeben – trotz aller aufkommenden Ängste – und mich meinen Lebensthemen zu stellen. Einfach in mich hineinhorchen und nur auf meine eigene innere Stimme achten: Was will mein Leben mir erzählen, nur mir allein? Auch Abhängigkeiten von der Meinung anderer und ihrem Feedback lösten sich damit auf.
- Belastende Gefühle wahrzunehmen und zu akzeptieren, sie bildhaft zu umarmen und dann gehen zu lassen. Mich in all dem, was ich bin, anzunehmen und zu lieben. Dies unterstützte ich durch Sätze wie »Ich nehme mich so, wie ich bin, ganz an« – begleitet von Atemübungen. In meiner Meditation reflektierte ich meine Erfahrungen in den Lebensbereichen Körper, Beruf, Sinn und Beziehungen. Ich ließ Bilder aufsteigen, schaute die Erfahrungen an und bestätigte sie mit den Worten »Das ist« oder »Das ist vorbei«.

- Mir bewusst meine Verhaltensmuster anzuschauen und mich zu fragen: Brauche ich sie noch und will ich sie noch? Zum Beispiel die Meinung, ich müsste »Aufträge« von meiner Familie erfüllen und mich selbst über Leistung definieren. Auch manche Glaubenssätze wurden aufgespürt und überprüft. Anregungen dazu habe ich in Büchern und durch Workshops erhalten.
- Meine Sichtweisen zu erweitern oder zu ändern. Mich in Krisensituationen zu fragen: Was ist positiv an dieser Situation? Was ist das Geschenk an dieser Entwicklung? Was kann ich daraus lernen? Was zeigt es mir? Welche Ressource unterstützt mich dabei? Ich mied dadurch den »Fehler-Ansatz«, der sich darauf konzentriert, was nicht »richtig« ist. Schuldgefühle und Verunsicherung, Minderwertigkeitskomplexe und Verlust von Energie wurden dadurch verringert.
- Bücher zu lesen, die mir Anregungen vermitteln und eine Standortbestimmung bei meiner Transformation ermöglichen wie Angeles Arrien, »Acht Tore zur Weisheit – Erfüllung in der zweiten Lebenshälfte«. In diesem Buch setzt sie sich mit acht Lebensbereichen und Fragestellungen auseinander, mit denen man beim Älterwerden konfrontiert ist, z.B. neue Erfahrungen sammeln, sein wahres Gesicht entdecken, Intimität, Sinnlichkeit und Sexualität, Beziehungen, Kreativität, Authentizität, die Gegenwart von Gnade, Hingabe und Loslassen. Sie zeigt die Aufgaben, Herausforderungen und das Geschenk, das die Auseinandersetzung mit dieser Thematik enthält, bietet Reflexionen an und gibt Anregungen zu praktischen Übungen für alle acht Bereiche.

3. RESSOURCEN ENTDECKEN, KREATIVITÄT UND EIN NEUES SELBST-BEWUSSTSEIN ENTWICKELN

- In der Meditation mir die Menschen, die mich begleitet haben und Teil meines Lebens sind, mir Tore und Türen geöffnet haben, in meinem Rücken als Unterstützer vorzustellen. Sie geben mir eine Botschaft. Auch so konnte ich mir viele Facetten meines Lebens anschauen.
- Einen positiven Blick auf meine Vergangenheit zu gewinnen: Meinen eigenen Lebenslauf zu schreiben und auf all die Leistungen zu schauen, die ich vollbracht habe. Zu sehen, dass Belastendes oft eine positive Funktion hatte – auch dadurch konnte ich viel lernen und neue Perspektiven für mein Leben entdecken.
- Zur Leinwand zu greifen und mich der Leere der weißen Fläche zu überlassen. Ich malte Bilder zu meinen Lebensthemen und schrieb dazu kurze Geschichten. Dies alles verband ich mit meinen wichtigsten Erfahrungen in den letzten zehn Jahren, aber auch mit meinem sowohl intuitiven als auch analytischen Zugang zu meinem Leben.
- Die Erfahrung zu machen, dass ich eine Ressource in mir habe, von der ich nichts wusste: Malen und Schreiben von Geschichten und Gedichten. So konnte ich erleben, dass sich etwas Neues entwickelte, was mir in dieser Dimension selbst unbekannt war und ohne mein Zutun sichtbar wurde. Allein aufgrund der Tatsache, dass ich Altes losgelassen, Stille und Leere zugelassen habe, konnten neue Ressourcen sichtbar werden.
- Meiner körperlichen Vitalität und den Bedürfnissen meines Körpers einen anderen Raum zu geben: Fitness und Laufen, mich im Wasser bewegen und Skilaufen – alles tun, damit ich meinen Körper auf eine neue, lebendige Art spüren konnte.
- Mein neues Selbstbewusstsein wahrzunehmen. Dies ging ein-

her mit einer positiven Auseinandersetzung mit dem Alter – ohne die Probleme zu verschweigen. Alter heißt auch: vorsorgen und sammeln, überprüfen und runden, ins Leben bringen und weitergeben.

4. WÜNSCHE, ZUKUNFTSBILDER ENTSTEHEN LASSEN UND DIE ZUKUNFT ERTRÄUMEN

- Wünsche und Bedürfnisse aufzuschreiben. Meine Wünsche und Bedürfnisse in einem Raum um mich herum auszulegen und dann zu schauen, ob ich sie wirklich in dieser Nähe zu mir haben wollte. Möglicherweise umlegen und neu verteilen.
- Ein Glückstagebuch zu schreiben. Mich zu fragen, was macht mich glücklich, wo geht mein Herz auf? Dieses aufzuschreiben und mit diesem Bewusstsein durch das Leben zu gehen. Zu erfahren, dass ich noch einmal den kindlichen Blick haben konnte: die Welt mit Staunen zu betrachten – so viele Möglichkeiten waren da!
- Visualisierungen vorzunehmen. Mir meinen Körper auch als Seelenraum vorstellen und dann eine Reise in meinen Körper machen, um meinen eigenen »Seelenraum« zu finden. Er war und ist der Platz, an dem nur ich selbst sein kann.
- Verfahren aus der Trauma-Therapie anzuwenden. Mich mit positiven Erfahrungen und Ressourcen aus meiner Vergangenheit durch Bilder, Gefühle und Körperwahrnehmungen zu verbinden, diese mit »Butterflyübungen« zu verankern und durch Äußerungen wie »Ich bin …« zu bestätigen. Oder auch Situationen »umzuzeichnen«: Ein Blatt Papier in vier Bereiche aufzuteilen und dann in jeden Teil dieser vier Bereiche ein Bild zu zeichnen. Im ersten Bild das Problem zu verbildlichen, dann zwei Bilder ganz frei zu gestalten und als Letztes das vierte Bild

zu zeichnen, nachdem ich mir das erste Bild noch einmal angeschaut und mich gefragt hatte, was positiv daran ist. Dieses Positive in dem vierten Bild vermitteln.

- Aufstellungen, die mich mit grundsätzlichen Lebensfragen konfrontierten und mir Lösungen zeigten – in denen ich einen anderen Zugang zu meinen Gefühlen erfahren konnte. Es geht auch darum, neue Bilder entstehen zu lassen, die sich über alte legen. Das Suchen nach Symbolen, die mir zeigten, wohin ich will und was mich dabei unterstützt. Die Assoziationen festzuhalten und sie in Geschichten umzuformen.
- Fragestellungen nachzugehen, die sich mit meiner Zukunft auseinandersetzen und mir Möglichkeiten zeigen wie: Was will ich bis zum Ende meines Lebens, aber auch in fünf Jahren und in einem Jahr leben, lernen und lassen? Welche Menschen unterstützen mich dabei? Was brauche ich an Unterstützung? Welche Ansätze finden sich jetzt schon in meinem Leben? Was sollte ich lieber lassen? Welche Menschen und äußeren Umstände hindern mich daran? Was habe ich als Kind gern gemacht? Hat es heute noch in meinem Leben Platz? Wie möchte ich sein, wenn ich alt bin?

Was ich selbst auf diese Fragen geantwortet habe? Das bleibt mein Geheimnis, weil das Leben nun einmal voller Geheimnisse ist. So wird es werden wie ein Fest. Vielleicht. Vielleicht auch nicht. Das wird mein Leben entscheiden – mein Leben, das ich liebe und lebe – und für das ich zutiefst dankbar bin.

WANDERER

Wanderer, deine Spuren
sind der Weg und sonst nichts;
Wanderer, es gibt keinen Weg,
der Weg entsteht beim Gehen.

ANTONIO MACHADO

ANREGUNGEN AUS UNTERSCHIEDLICHEN WISSENSFELDERN

Das Leben stellt uns eine Fülle an Wissen und Erfahrungen zur Verfügung, deren wir uns oft nicht bewusst sind. Mit den folgenden »Inspirationen« aus Change-Management, Resilienz- und Alternsforschung verbinde ich daher die Anregung, auf ganz unterschiedliche Potenziale und Ressourcen während eines Veränderungsprozesses zu schauen. Wissen und Erfahrungen, die in Lebens- und Berufsbereichen entstanden sind, die außerhalb meines eigenen unmittelbaren Umfeldes liegen und deshalb bisher nicht wahrgenommen wurden, können eine besondere Unterstützung sein. Es kann sich dabei zum Beispiel um Erkenntnisse aus Management, Psychologie, Hirnforschung, Medizin, Kunst, Kultur, Anthropologie oder Körpertherapie handeln. Oder auch um spirituelle Erfahrungen für meine vier Lebensbereiche: Körper, Sinn, Beruf und Beziehung. Meine Gedanken und Anregungen sind daher nur kleine »Duftnoten«, die einladen sollen, sich auf unbekannte Gebiete zu begeben – auf eine Expedition zu anderen Wissens- und Lebensfeldern. Sie sind ein »Gemisch« aus wissenschaftlichen Erkenntnissen, objektiven Einschätzungen und subjektiven Wahrnehmungen – und an dieser Stelle nur kurze Zusammenfassungen. Hinweise auf verwendete oder weiterführende Literatur enthält die Literatur- und Materialliste – jeweils drei Empfehlungen sind in die folgenden »Anregungen« integriert.

ANREGUNGEN AUS DEM CHANGE-MANAGEMENT:

Wissen über Ausgangssituation und Ablauf von Veränderungsprozessen

Besonders unterstützt haben mich mein Wissen und meine Erfahrungen im »Change-Management«, das sich auf die Gestaltung von Veränderungen vor allem in Organisationen konzentriert. Ich hatte eine Ausbildung im Managementbereich gemacht, um auf die Herausforderungen der Agentur angemessen reagieren zu können. Dieses Wissen war nicht nur bei der Leitung der Agentur äußerst wertvoll, sondern ebenso bei meinem eigenen Veränderungsprozess.

Hilfreich ist es, selbst einschätzen zu können, welche Qualität meine Veränderungssituation hat. Wie tiefgreifend Veränderungen im eigenen Leben sind, sein können oder werden, ist unterschiedlich. Dies ist abhängig von meiner persönlichen Ausgangssituation und den äußeren Ereignissen und Anforderungen, die eine Veränderung für mich notwendig machen.

Im Nachfolgenden daher eine kurze Übersicht über die Qualität von Veränderungssituationen.

EINSCHÄTZUNG DER VERÄNDERUNGSSITUATION

In Anlehnung an Erkenntnisse aus dem »Change-Management« lassen sich vier Ausgangspositionen für eine Veränderung unterscheiden. Sie erzeugen einen unterschiedlichen Handlungsbedarf und Zeitdruck für mich:

1. VORAUSSCHAUENDE SELBSTERNEUERUNG
Sie ist eine Art »Prävention«. Ich habe mein ganzes Leben im Auge und gewinne eine Vorstellung davon, welche neuen Lern- und Entwicklungsmöglichkeiten ich für die nächste Phase brauche – auch, um meine Chancen zu nutzen. Ich tue dies zu einem Zeitpunkt, zu dem es in keinem der verschiedenen Lebensbereiche bis jetzt zu größeren Verlusten gekommen ist.

2. OPTIMIERUNG MEINER BISHERIGEN LEBENSBEDINGUNGEN
Hier handelt es sich um eine Art »Fitnessprogramm«. Welche neuen Aktivitäten sind erforderlich, um geistig oder körperlich gesund zu bleiben? Diese Form der Veränderung kann sich aber auch auf Bereiche beziehen, die bisher keine Aufmerksamkeit erhielten – wie zum Beispiel die Auseinandersetzung mit Kunst und Kultur oder auch mit den Fragen nach dem Sinn des Lebens.

3. BEREINIGUNG EINER KRISE IN EINEM BESTIMMTEN LEBENSBEREICH
Sie kann als »kurative Operation« bezeichnet werden, die vorgenommen werden muss, weil ich in einem Aspekt meines Lebens bereits eine Krise erfahre: z.B. eine schwere Krankheit, ein Todesfall oder eine Scheidung. Ich entwickle zielorientierte Aktivitäten in dem gefährdeten Bereich – eine Art »Sanierung« –, aber alles andere bleibt stabil.

4. TIEFGREIFENDE VERÄNDERUNGEN IN VIELEN LEBENSBEREICHEN
Sie sind eine Art »radikale Transformation« und der schwierigste Veränderungsprozess. Hier geht es um eine grundsätzliche Auseinandersetzung mit vielen – manchmal mit allen – Bereichen der Existenz, nämlich Beruf, Körper, Beziehungen und Sinn: eine Identitätskrise. Mein Leben ist auf dem Prüfstand und ich versuche, es neu auszurichten.

ABLAUF DES VERÄNDERUNGSPROZESSES

Inspiriert von unterschiedlichen Ansätzen im Managementbereich, die sich auf verschiedene Aspekte konzentrieren – »Wie gestalte ich den Veränderungsprozess und wie gehe ich mit dem Überbringer der schlechten Nachricht um, damit Veränderung geschehen kann?« –, stellt sich mir der Ablauf wie folgt dar:

1. SCHRITT: WAHRNEHMUNG DER VERÄNDERUNGSSITUATION
   Ich stelle fest, dass etwas verändert werden muss und setze mich mit dem Ausmaß der Veränderung auseinander. Vielleicht handelt es sich nur um eine »Optimierung« oder gar um eine »radikale Transformation«, wie oben dargestellt?
2. SCHRITT: UMGANG MIT WIDERSTÄNDEN ODER ABLEHNUNG
   Die Situation, die nach Veränderung drängt, wird oft wieder verleugnet oder abgelehnt. Meist erfährt dies auch der Überbringer schlechter Nachrichten, dessen Botschaft von vielen zwar erst einmal gehört, dann aber sofort wieder verdrängt wird.
3. SCHRITT: EINSICHT UND EMOTIONALE AKZEPTANZ
   Langsam beginnt der Prozess, dass ich die Situation als solche akzeptiere. Ich sage mir: »Ich muss etwas tun.« Aber erst dann, wenn diese Situation von meinen Gefühlen akzeptiert wird, bin ich motiviert und beginne mit der Auseinandersetzung.
4. SCHRITT: ENTWICKLUNG EINES POSITIVEN ZUKUNFTSBILDES
   Ich frage mich, was meine Ziele sein könnten – entwickle vielleicht auch unterschiedliche Alternativen für meine Zukunft – und finde ein Bild für meine Zukunft, das attraktiver ist als die Abwehr, die mit jeder Veränderung einhergeht.
5. SCHRITT: AKTIONSPLAN – WIRKUNGSVOLLSTER HEBEL
   Ich erkenne die Handlungen, die notwendig sind, um meine Vorstellungen zu verwirklichen, und will sie dort ansetzen, wo ich am effektivsten die Veränderung erreichen kann. Ich mache einen Plan, bleibe aber offen für das, was unvermutet auf mich zukommt.

6. SCHRITT: PLAN IN TATEN UMSETZEN
Ich verfolge klar meine Ziele und beobachte, ob ich noch »auf Kurs« bin. Mit einer »Helikopterperspektive« nehme ich auftauchende Probleme und Konflikte wahr, suche mir gegebenenfalls Unterstützung von außen oder lege eine Nachdenkpause ein – um gestärkt weiterzumachen.
7. SCHRITT: ANKOMMEN UND AUSWERTUNG DES PROZESSES
Ich »komme an« bei dem, was ich erreichen wollte – vielleicht auch mit einigen Änderungen. Ich kann auf diesen Prozess zurückblicken. Mein Leben habe ich auf den Prüfstand gestellt – und vielleicht neue Sicht- und Lebensweisen erhalten.
8. SCHRITT: NEUE CHANCEN NUTZEN – BEWUSSTSEIN FÜR VERÄNDERUNGSPROZESSE
Dieser Prozess hat mir auch einen neuen Zugang für die Bedeutung von Veränderung geschenkt und Ängste geringer werden lassen. Daher weiß ich jetzt: Der »Zustand des Angekommenseins« ist sicherlich nur von kurzer Dauer, aber ich bin gut gerüstet für neue Herausforderungen.

Besonders hilfreich waren für mich folgende Bücher:

DOPPLER, KLAUS / LAUTERBURG, CHRISTOPH: *Change Management. Den Unternehmenswandel gestalten.* Frankfurt 2008

NAGEL, REINHARD: *Lust auf Strategie. Workbook zur systemischen Strategieentwickung.* Stuttgart 2009

REITH, FRANK VON / WIMMER, RUDOLF: *Organisationsentwicklung und Change Management.* In: MEISSNER, JENS / WIMMER, RUDOLF / WOLF, PATRIZIA: *Praktische Organisationswissenschaft. Lehrbuch für Studium und Beruf.* Heidelberg 2009

ANREGUNGEN AUS DER RESILIENZFORSCHUNG:

Seelische Widerstandskraft in Krisensituationen

Um gut gerüstet für persönliche Veränderungsprozesse zu sein, sind Wissen und Erfahrungen aus dem psychologischen Bereich hilfreich. Meine Ausgangsthese, dass ich mein Leben auf den Prüfstand stellen und grundlegend ändern kann, stößt bei manchem Hirnforscher und Psychologen auf Skepsis. Die Skeptiker vertreten die Ansicht, dass Menschen auf Grund ihrer genetischen Voraussetzungen eigentlich »fest«-gelegt sind und Veränderungsprozesse nur in ganz begrenztem Maß möglich erscheinen. Veränderungen zu erreichen, sei auch aus anderen Gründen schwierig. Unsere bewussten Entscheidungen für Veränderungen stoßen auf unser Unbewusstes: unbewusste Glaubenssätze, Bedürfnisse und Hindernisse. Diese sind aber unserem Verstand überhaupt nicht zugänglich. Entscheidungen, die wir mit dem Verstand treffen, können also unser Unbewusstes gar nicht erreichen. Dann wäre also all meine Mühe, dem Ruf nach Veränderung folgen zu wollen, umsonst gewesen?

Für mich ein klares »Jein«. Sicherlich sind meinen Möglichkeiten zur Veränderung Grenzen gesetzt. Doch nicht nur ich, sondern die Erfahrungen vieler Menschen widersprechen den Schlussfolgerungen der Skeptiker: Tiefgreifende Veränderungen sind möglich. Viele Menschen erleben sich in den unterschiedlichen Lebensphasen »Kindheit, Jugend, Beruf, nachberuflicher Lebensabschnitt, Alter« als nicht nur körperlich stark verändert, sondern auch seelisch und geistig. Andere sehen sich in einem Zehnjahresrhythmus vor immer wieder neue Anforderungen und Herausforderungen gestellt, die Veränderungen bei ihnen bewirken. Und wie nie zuvor haben wir heute die Möglichkeit, uns schnell darüber zu informieren, wie wir uns weiterentwickeln und entfalten können. Eine Motivation, sich auf das noch gar nicht Fassbare einzulassen, auf »Es ist etwas in mir, das nach Veränderung ruft«.

Eine positive Haltung zu Möglichkeiten der Veränderung einzunehmen, dazu haben mich auch Hirnforscher und Psychologen ermutigt, die weniger skeptisch sind, vor allem die immer bekannter werdende »Resilienzforschung«. Die »Resilienzforschung« – auch »Konzept der seelischen Widerstandskraft« genannt – beschäftigt sich mit Faktoren, die wesentlich bestimmen, ob Menschen seelische Belastungen verkraften und an diesen wachsen können. Bei dem relativ neuen Forschungszweig »Resilienz« wurden die Erfahrungen von traumatisierten Menschen berücksichtigt. Es waren die Erlebnisse von Menschen, die unter schwersten Lebensbedingungen überlebt haben und trotzdem fähig waren, sich dem Leben neu zu öffnen und an ihrem Trauma wachsen konnten. Es sind vor allem Erfahrungen von Flüchtlingen und Holocaustüberlebenden, die für die Resilienzforschung ausgewertet wurden.

Um Lebenskrisen nicht nur zu überwinden, sondern auch als Lebenschancen zu nutzen, kommt es nach der Resilienzforschung entscheidend auf die persönliche Motivation und die Stärke äußerer Ereignisse an, auf Offenheit und Flexibilität, vor allem aber auf Neugier und Begeisterungsfähigkeit. Es sind Ergebnisse einer Forschung, die den Blick verändern und Ressourcen zeigen. Im Gegensatz zu vielen Bereichen der Humanwissenschaften – vielfach auch der Psychotherapie und der Medizin – beschäftigt sich die Resilienzforschung mit den Potenzialen von Menschen und nicht mit ihren Defiziten. Nach ihren Ergebnissen sind es vor allem sechs Faktoren, die Menschen befähigen, an Krisen zu wachsen, sich neu zu entdecken und zu entfalten:

1. SELBSTEINSCHÄTZUNG: die Fähigkeit, mich selbst und andere realistisch und positiv wahrzunehmen – ohne die Probleme zu verschweigen. Es ist das Sehen von Potenzialen und Ressourcen

in mir selbst und anderen. Aber es ist auch das Wissen um Beschränkungen – sei es körperlicher, seelischer, sozialer oder geistiger Art. Verbunden damit ist, diese Widersprüchlichkeit auszuhalten. Selbsteinschätzung bedeutet auch: mich mit Gefühlen und Bedürfnissen auseinanderzusetzen, mir selbst zuzuhören – mich eben selbst und andere zu »schätzen«.

2. SELBSTSTEUERUNG: die Fähigkeit, mich selbst zu strukturieren, Ziele und Prioritäten auch gegen Widerstände zu verfolgen. Dazu gehört die Auseinandersetzung mit Glaubenssätzen wie »Ich kann es allein nicht schaffen« oder »Ich bin wertlos«, die oft unsere Entwicklung und Veränderung blockieren. Wahrnehmen auch, welche Rollen ich bisher übernommen und welche Bilder ich von mir selbst habe, die eigentlich zu den Akten gelegt oder besser noch »gewürdigt begraben« werden sollten. Zu einer gewissen Zeit hatten sie ihren Zweck und ihre Berechtigung. Sie haben mir auch etwas geschenkt, aber jetzt habe ich sie »überlebt«. Es sind meine eigenen Zukunftsbilder, denen ich jetzt folge und nicht den Anforderungen einer außengeleiteten Gesellschaft, in der ich selbst verloren gehen kann.

3. SOZIALE KOMPETENZ: die Fähigkeit, mich mit anderen Menschen zu verbinden, mich mit ihnen auszutauschen und ein gutes Verhältnis von Geben und Nehmen zu leben. Sie gibt mir die Möglichkeit, mit anderen meine Erfahrungen zu teilen, die mich in Krisensituationen unterstützen können. Andere Menschen als meine Begleiter und uns gemeinsam als Fragende zu erleben. Oft nutzen wir diese Ressource zu wenig. Wir reden mit anderen Menschen selten über Wandel, über Abschied und Neubeginn. Wir reden kaum über Tod, sondern verdrängen ihn meist. Tod und Wandel sind die Themen, die uns allen gemeinsam sind, uns am stärksten berühren, mit denen wir aber meist allein bleiben.

4. STRESSBEWÄLTIGUNG: die Fähigkeit, mit Belastungssituationen gut umzugehen, meine Grenzen zu erkennen und eine Balance zwischen Spannung und Entspannung zu leben. Für mich bedeutet dies auch ein Abschied von zu hohen Erwartungen an mich selbst und andere – ein Abschied vom Perfektionismus und übergroßer Kontrolle. Diese Zeit der Veränderung, die nicht einfach ist, kann ich auch als »Spiel« betrachten, bei dem ich manchmal in alte Rollen und Verhaltensmuster zurückfalle und »Ehrenrunden« drehe. Es ist kein Problem hinzufallen, wenn ich wieder aufstehen kann.

5. PROBLEMLÖSUNGSKOMPETENZ: die Fähigkeit, für Herausforderungen angemessene Lösungen zu finden und dabei kreativ und flexibel reagieren zu können. Gemeint ist auch, sowohl die faktischen Gegebenheiten analysieren zu können, als auch emotionale Auseinandersetzungen nicht zu scheuen. Und bereit sein für unerwartete Lösungen: Oft schenkt uns das Leben ganz neue, überraschende Chancen – wenn sie denn wahrgenommen werden. Um diese zur Entfaltung bringen zu können, gehört auch der Mut, mich selbst neu entdecken und entwickeln zu wollen, offen und neugierig zu sein für unerwartete Möglichkeiten und Lösungen – und das Vertrauen, dass ich es schon schaffen werde.

6. SELBSTWIRKSAMKEIT: die Fähigkeit, in Krisen aktiv zu werden, andere Menschen ansprechen und dabei die Erfahrung machen zu können, selbst etwas bewirkt zu haben. So habe ich nicht die Verantwortung für mein Leben auf andere geschoben, sondern mich bewusst auf Neues eingelassen. Sicherlich kann es hilfreich sein, mich dabei begleiten zu lassen und nach Unterstützung zu suchen, aber auch die Entscheidung dazu ist meine eigene und Bestandteil meines Erlebens von Selbstwirksamkeit. Oder ganz einfach: Ich mache die Erfahrung, meine Ressourcen zu nutzen, etwas bewirken zu können und mich selbst dabei zu entfalten.

Besonders hilfreich waren für mich folgende Bücher:

CYRULNIK, BORIS: *Mit Leib und Seele. Wie wir Krisen bewältigen.* Hamburg 2007

DIEGELMANN, CHRISTA / ISERMANN, MARGARETE: *Kraft in der Krise: Ressourcen gegen die Angst.* Stuttgart 2011

RAMPE, MICHELINE: *Der R-Faktor. Das Geheimnis unserer inneren Stärke.* München 2010

ANREGUNGEN AUS ALTERNSFORSCHUNG UND ERFAHRUNGSSCHATZ VON BETROFFENEN

Inspirationen aus der Alternsforschung und der Erfahrungsschatz von Wissenschaftlern und Betroffenen erweiterten meine Sichtweisen und die Einschätzung zu meiner neuen Lebensphase erheblich. Vor allem unterstützten sie mich bei der Entwicklung und Formulierung meines Zukunftsbildes, gaben mir aber auch sonst hilfreiche Informationen und Anregungen.

WIR LEBEN LÄNGER UND AKTIVER

Nach den letzten Erkenntnissen der Alternsforschung ist das Wort »Alter« kaum mehr aussagekräftig. Unsere vielfach vorhandenen Vorstellungen vom »altersgemäßen Altwerden« sind meist veraltet und gehören für mich in den Mülleimer. Das liegt im Wesentlichen daran, dass wir erheblich länger leben, aktiver und anders alt werden als die Generationen vor uns. Seit Anfang des letzten Jahrhunderts hat sich unsere Lebenserwartung verdoppelt. Wer werden nicht nur älter, sondern wir sind auch aktiver in unserem Alter und fühlen uns jünger. Neuere Erkenntnisse zeigen, dass sich ältere Menschen heute im Durchschnitt dreizehn Jahre jünger fühlen als sie sind. Es sind geschenkte, gesunde Jahre. Dies hat auch zu einer Veränderung der Einteilung von Altersgruppierungen geführt. Gab es früher den Dreiklang »Kindheit / Jugend – Erwerbstätigkeit – Alter«, so gehen Forscher heute von vier Phasen aus, manche sogar von fünf. Nach Kindheit / Jugend kommt die »mittlere Generation«. Ihre Altersgrenze reicht in der Regel bis 65 Jahre, manche Forscherinnen und Forscher setzen das Zeitlimit sogar bei 74 Jahren an. Erst nach Beendigung der mittleren Generation, also nach 65 oder gar 74 Jahren, beginnt das Alter, wobei hier noch einmal unterschieden wird zwischen »jungen Alten« und »alten Alten«. In der Regel reicht der Zeitraum der jungen Alten bis zum 85. Lebensjahr. Erst dann beginnt das »alte Alter« – die Hinfälligkeit. Die Angst vor unwürdigem Altern, mit der die Angst vor Hinfälligkeit verbunden ist, ist eine der stärksten. Für 51 Prozent der Deutschen ist dies derzeit die größte Angst. Die gute Nachricht für uns alle ist aber, dass sich die Pflegezeit auf Grund der medizinischen Versorgung und Entwicklung verkürzt hat.

Insgesamt steigt die Gruppe der älteren Generation an: Heute beträgt die Altersgruppe 50+ in etwa 25 Prozent der deutschen Bevölkerung. 20 Prozent der Bevölkerung sind 65 Jahre und älter. Damit ist Deutschland nach Japan das Land, das den höchsten Altersdurchschnitt hat. Diese Entwicklung, die sich in den nächsten Jahren noch verstärken wird, hat im Wesentlichen zwei Gründe: die geringer gewordene Geburtsrate und die steigende Lebenserwartung. Die gestiegenen Lebensaussichten führen dazu, dass sich das Leben der 60+ geändert hat und weiter ändern wird, was mittlerweile statistisch nachweisbar ist. Der Anteil der Berufstätigen mit 65+ hat sich in den letzten zehn Jahren mehr als verdoppelt, das ehrenamtliche Engagement ist gestiegen, selbst bei den Heiratswilligen ist ein Anstieg mit 60+ zu verzeichnen – und bei den Scheidungswilligen ebenso. Trotzdem wird der Generation »60+« beruflich immer noch zu wenig zugetraut und werden ihnen in den Unternehmen zu geringe Weiterentwicklungschancen gegeben. Um die Potenziale der 60+-Generation zu nutzen, einschränkende Vorstellungen abzubauen und positivere Bilder entstehen zu lassen, ist ein Umdenken in Politik und Gesellschaft gefragt – ein Paradigmenwechsel zum Thema »Altern und Alter«.

QUALITÄTSFAKTOREN BILDUNG UND FITNESS: ALLTÄGLICHE HERAUSFORDERUNGEN

Ein wichtiger Aspekt für qualitativ besseres Altern ist neben der medizinischen Entwicklung der Faktor »Bildung«. Bildung aktiviert, wirkt nicht nur als Prävention gegen Alzheimer und Demenz, sondern vermittelt auch eine höhere Lebenserwartung. Der Wissensschatz aus Alternsforschung und Erfahrungen zeigt, dass wir mit zunehmendem Alter zwar manche Fähigkeiten verlieren, aber gleichzeitig neue dazugewinnen. So ist die Lebenszufriedenheit bei älteren Menschen nicht etwa geringer, sondern erstaunlich hoch. Zwei Drittel der Älteren sind mit ihrem Leben und mit ihrer Gesundheit zufrieden. Der Anteil der Depressiven ist nicht höher als bei Jüngeren, allerdings nimmt die Lebenszufriedenheit wenige Jahre vor dem Tod wieder ab. Neuere Forschungen beweisen aber auch, dass das Gehirn durchaus fähig ist, sich weiterzuentwickeln. Je besser wir unser Gehirn und unseren Körper trainieren, desto aktiver und gesünder altern wir in der Regel.

Das ist eine lästige Herausforderung für meinen »inneren Schweinehund«, der fast täglich überwunden werden will. Nicht nur »Lifelong-Learning«, sondern auch »Lifelong-Fitness« schenken mir Möglichkeiten der Selbsterneuerung. Eine Selbsterneuerung, die mich auch zu meinen Wurzeln zurückbringen kann und mich das freie und spielerische Kind wieder entdecken lässt, das ich vielleicht einmal war. Oder jetzt endlich sein kann. Endlich.

QUALITÄTSFAKTOR MOTIVATION: MEIN ZUKUNFTSBILD

All dies wird mir nur gelingen, wenn ich motiviert bin, mein Alter lebendig und kreativ zu gestalten, d.h. wenn ich ein positives Bild von meinem Alter habe, »Altern mit neugieriger Nase«. Wer ein solches Bild von sich selbst hat, sich immer wieder neue Ziele steckt, fähig ist, sich anzupassen und sich im Austausch mit anderen Menschen befindet, hat wesentlich höhere Chancen, zufrieden und gesund zu altern als andere. Allein mit meiner positiven Einstellung bin ich fähig, mein Bewusstsein und meine Gesundheit zu ändern. Studien zeigen, dass wir unsere biologische Uhr sogar zurückdrehen können, wenn wir uns in die Zeit unserer Jugend versetzen – entweder allein durch unsere Vorstellungskraft oder durch eine Umgebung, die uns an unsere Jugend erinnert. Positive Bilder lassen neue Energien wachsen. Ebenso wie bei allen anderen Veränderungsprozessen ist auch hier ein positives Zukunftsbild bestimmend für meine Lebensqualität.

Und wenn ich dieses Bild für mich formuliert habe, geht danach alles wie von selbst? Sicherlich nicht. Wie bei jeder strategischen Veränderung – wieder kann ich mich selbst als eigenes »Unternehmen« begreifen und auf die Kenntnisse der Strategieentwicklung zurückgreifen – sollte ich mich in die »Mühen der Ebene« begeben und an die Umsetzung denken. Ich kann mir überlegen, wo ich am besten und wirksamsten ansetze oder einfach pragmatisch ausprobieren, was möglich ist und mir Freude bereitet. Noch besser für mich, wenn ich dabei auf Vorbilder zurückgreifen kann, die ein solch positives Altersbild vermitteln. Doch diese sind leider nicht so weit verbreitet. Dazu sind die letzten Entwicklungen und Veränderungen, die das Alter betreffen, zu neu.

Neben Vorbildern und inspirierenden Projekten, die mir einen anderen Zugang zum Alter geben können, sind es auch Rituale, die mich bei meinem Übergang in die neue Lebenssituation unterstützen können. Leider erweist sich unsere an Ritualen arme Gesellschaft nicht als Fundgrube bei meiner Schatzsuche. Andere Kulturen haben da Besseres zu bieten. »Altes Wissen« ist von Anthropologen gesammelt und in wunderbaren Büchern zusammengefasst worden. Es ist ein Erfahrungsschatz, der Tore öffnet und zu Ritualen inspiriert, Fragen schenkt und uns auf Lebensthemen in dieser Phase aufmerksam macht: zum Beispiel mein wahres Gesicht entdecken, mich meinen Bedürfnissen nach Sexualität und Intimität stellen, meine Kreativität und Fruchtbarkeit wahrnehmen. Und am Ende dazu einlädt, an all dem nicht zu haften, sondern mich hinzugeben und loszulassen.

DAS LEBEN VOM ENDE HER BEGREIFEN: TOD

Hingeben und Loslassen. Damit meine ich die letzte Etappe auf meiner Reise im Alter: Am Ende meines Alters wartet der Tod. Den Tod in mein Leben zu integrieren, ist sicherlich keine leichte Aufgabe – und wird von vielen auch als »Nicht-Aufgabe« gesehen. Ich selbst habe aber die Erfahrung gemacht – und mache sie immer wieder –, dass meine Beschäftigung mit dem Tod mir eine größere Klarheit, Dankbarkeit und noch stärkere Verbindung zu meinem Leben schenkt. So konnte ich bei und nach einem schweren Autounfall, den ich wie durch ein Wunder überlebte, erfahren, welch großes Vertrauen ich in das Leben habe. Ein Grundvertrauen, das mir wahrscheinlich das Leben gerettet hat und dessen Dimension mir vorher nicht so klar war.

In jedem Fall werde ich durch die Auseinandersetzung mit dem Tod an die Vergänglichkeit meines eigenen Lebens erinnert. Und mein sich verändernder Körper ist sein sanfter Bote. Ein Bote, der mich an mein eigenes Sterben erinnert und mich vor Fragen stellt wie: »Was ist für mich wirklich wichtig bis zu einem endgültigen Abschied? Was möchte ich noch erfahren und lernen, bewirken und spüren bis zu meinem Tod – sofern dies im Rahmen meiner Möglichkeiten liegt? Was wartet noch darauf, gelebt zu werden mit meinem Körper, für meinen Sinn, in meinen Beziehungen und durch meine Arbeit? Was kann ich jetzt noch tun, damit ich wenig bereue und nicht das Gefühl haben muss, am Leben vorbeigelebt zu haben?«

Bei der Auseinandersetzung mit diesem Thema sind Gespräche, aber auch Bücher hilfreich und anregend. Bücher, die zum Beispiel Auskunft geben, was Sterbende am meisten bereuen. Im Wesentlichen sind es fünf Dinge, die Sterbende bedauern und sie sagen lassen: 1. »Hätte ich doch den Mut gehabt, mein eigenes Leben zu führen«, 2. Hätte ich doch bloß nicht so viel gearbeitet«, 3. »Hätte ich nur den Mut gehabt, meine Gefühle zu zeigen«, 4. »Hätte ich doch nur den Kontakt zu meinen Freunden erhalten« und 5. »Hätte ich mir doch nur erlaubt, glücklicher zu sein«.

Besonders hilfreich waren für mich folgende Bücher:

ARRIEN, ANGELES: *Acht Tore zur Weisheit. Erfüllung in der zweiten Lebenshälfte.* Bielefeld 2009

LINDENBERGER, ULMAN / SMITH, JACQI / MAYER, KARL ULRICH / BALTES, PAUL B.: *Die Berliner Altersstudie.* Berlin 2009

WARE, BRONNIE: *5 Dinge, die Sterbende am meisten bereuen. Einsichten, die Ihr Leben verändern werden.* München 2013

Um in dieser Hinsicht nichts – oder nur wenig – zu bereuen, kann es nie früh genug sein, mich auf das Älterwerden und das Alter vorzubereiten: und auf meinen Tod. Die Fragen nach dem Älterwerden und dem Tod stellen sich nicht erst mit siebzig Jahren oder später, sondern schon früher. Auch Fitness und Bildung erwerbe ich nicht im Schnellverfahren. Zum Nachdenken und Vorfühlen brauche ich eben Zeit. In meinem Leben immer wieder Halt zu machen und mich mit der Frage auseinanderzusetzen: »Was will ich noch leben, und wer will ich eigentlich sein?«, ist dabei eine gute Möglichkeit, durch die ich neue Perspektiven gewinnen und bis dahin nicht wahrgenommene Ressourcen nutzen kann. Wir bestimmen früh, wie wir zufrieden und glücklich älter werden und leben. Manchmal ausgelöst durch Nachdenken oder ein plötzliches Ereignis. Manchmal ausgelöst durch einen Unglücksfall oder eine Liebe. Eine Liebe zu anderen Menschen, der Natur oder zu mir selbst. All das kann in meiner Schatzkiste sein, wenn ich auf meine Reise zum Kontinent »Altern« gehe. Eine Schatzkiste, die ich aber hinter mir lasse, wenn es dann auf die letzte Reise geht, bei der ich die tiefste und größte Veränderung erfahre und bei der ich keinen Koffer mitnehmen kann: mein Sterben und mein Tod. Für mich wunderbar zusammengefasst von der früheren Ausländerbeauftragten der deutschen Bundesregierung, meiner Mentorin Liselotte Funcke, auf ihrer eigenen Todesanzeige:

»Loslassen können, was wir ergriffen,
heimkehren mit beladenen Schiffen
und an Land gehen, ohne uns umzusehen,
bitten, dass die gewonnene Stille
tiefer sich und reicher fülle
und wir das Nichthörbare lernen zu verstehen.«

ICH SAGE DANKE …

Dieses Buch ist nicht durch mich allein entstanden, sondern es gab – wie beim Theaterspielen –, viele Rollen und Darsteller, die bei diesem »Lebensstück« mitgewirkt und ihm Lebendigkeit und Farbe gegeben haben. Einigen danke ich für ihre Inspirationen und Informationen und anderen für ihre tatkräftige Unterstützung und konstruktives Feedback. Allen aber für ihre Geduld und ihr Verständnis, ihr Mitdenken und Mitfühlen. Mit ihnen ist dieses Buch gewachsen. Mein besonderer Dank gilt:

- den Erfahrungs- und Wissensvermittlerinnen und -vermittlern von eigenen Veränderungsprozessen: Gerhart Baum, Erhard Busek, Cecily Corti, André Heller, Peter Huemer, Gerald Hüther, Marianne Koch, Freda Meissner-Blau, Sonia Seymour Mikich, Rita Süssmuth, Eleni Torossi, Beate Weber-Schuerholz, Rudolf Wimmer – vor allem aber Stéphane Hessel,
- den konstruktiven Kommentatorinnen und Kommentatoren meines Manuskripts: Brigitte Adam-Bendler, Achim Braun, Günter Czerwinski, Pantaleon Fassbender, Gisela Gerber, Peter Hölzle, Agnes Justen-Horsten, Margit Oswald, Tony Reinelt, Gundi Siegl, Karin Strobl-Zöchbauer und Jens Wendland,

- den Ideengeberinnen und -gebern: Heiko Ernst, Sybille Giel, Emil Hierhold, Christl Lieben, Wolfgang Looss, Martina Pferscher, Michael Radix, Aloys Saurugg, Helmut Strobl und Edith Vokan,
- den tatkräftigen Unterstützerinnen und Unterstützern, die bei der Herstellung dabei waren: Gabriella Bazsó, Erika Blum, Constantin Ehrenstein, Aleksandra Pawloff, Heinz Schmölzer und Christian Zuern.

Nicht zuletzt gilt mein Dank den Mitarbeiterinnen und Mitarbeitern des Kösel Verlags. Ihr Mitdenken und ihre Kreativität haben das Buch bei der Herstellung und beim Weg in die Öffentlichkeit weiter wachsen lassen. Ganz besonders danke ich meiner wunderbaren Lektorin Dagmar Olzog. Ihre Ideen und Anregungen, ihre Umsicht und Klugheit waren ein Geschenk für mich – ein Rundum-Vergnügen, mit ihr zusammenzuarbeiten.

LITERATUR & MATERIALLISTE

LITERATUR UND INFORMATION

GESELLSCHAFTLICHE VERÄNDERUNGSSITUATION

CROUCH, COLIN: *Jenseits des Neoliberalismus. Ein Plädoyer für soziale Gerechtigkeit.* Wien 2013

HESSEL, STÉPHANE: *Empört Euch.* Berlin 2011

HESSEL, STÉPHANE im Gespräch mit Gilles Vanderpooten: *Engagiert Euch.* Berlin 2011

HORX, MATTHIAS: *Das Buch des Wandels. Wie Menschen Zukunft gestalten.* München 2009

MIEGEL, MEINHARD: *Exit – Wohlstand ohne Wachstum.* Berlin 2012

SCHIRRMACHER, FRANK: *Ego. Das Spiel des Lebens.* München 2013

SKIDELSKY, ROBERT UND EDWARD: *Wieviel ist genug? Vom Wachstumswahn zu einer Ökonomie des guten Lebens.* München 2013

SLOTERDIJK, PETER: *Du musst dein Leben ändern.* Frankfurt 2010

RIFKIN, JEREMY: *Die empathische Zivilisation. Wege zu einem globalen Bewusstsein.* Frankfurt 2011

WELZER, HARALD: *Selbst denken. Eine Anleitung zum Widerstand.* Frankfurt 2013

RATGEBER ZU PERSÖNLICHEN VERÄNDERUNGSSITUATIONEN

Ein Ratgeber, der regelmäßig inspiriert: die monatliche Zeitschrift *Psychologie Heute*, Weinheim

ARDEN, PAUL: *Es kommt nicht darauf an, wer du bist, sondern wer du sein willst.* Berlin 2005

BASTIAN, TILL: *Die seelenlose Gesellschaft. Wie unser Ich verloren geht.* München 2012

BIERI, PETER: *Wie wollen wir leben?* St. Pölten 2011

BIHLMAIER, RALF: *Die Lösung. Mit der Kraft der Gedanken in ein neues Leben.* München 2012

BORMANS, LEO: *Glück. The World Book of Happiness.* Köln 2011

Hirschhausen, Eckart von: *Glück kommt selten allein …*, Reinbek bei Hamburg 2011

BUCAY, JORGE: *Drei Fragen: Wer bin ich? Wohin gehe ich? Und mit wem?* Frankfurt 2011

DEMARTINI, JOHN F.: *Genieße, was dir ist beschieden. Die heilende Kraft von Dankbarkeit und Liebe.* Bielefeld 2004

KAST, VERENA: *Sich einlassen und loslassen. Neue Lebensmöglichkeiten bei Trauer und Trennung.* Freiburg 2013

KAST, VERENA: *Konflikte anders sehen. Die eigenen Lebensthemen entdecken.* Freiburg 2008

KLEIN, STEFAN: *Die Glücksformel – oder Wie die guten Gefühle entstehen.* Frankfurt 2012

MECKEL, MIRIAM: *Brief an mein Leben. Erfahrungen mit einem Burnout.* Reinbek bei Hamburg 2010

MEMMI, ALBERT: *Anleitungen zum Glücklichsein.* Hamburg 1997

REINHARD, REBEKKA: *Die Sinndiät. Warum wir schon alles haben, was wir brauchen. Philosophische Rezepte für ein erfülltes Leben.* München 2009

SEIWERT, LOTHAR: *Das Bumerang-Prinzip: Mehr Zeit fürs Glück.* München 2002

ZANDER, ROSAMUND STONE / ZANDER, BENJAMIN: *The Art of Possibility*, London 2002

ZURHORST, EVA-MARIA / ZURHORST, WOLFRAM: *Liebe dich selbst und freu dich auf die nächste Krise.* München 2007

YOUNG, JEFFREY E./ KLOSKO; JANET S.: *Sein Leben neu erfinden. Wie Sie Lebensfallen meistern,* Paderborn 2006

ÄLTERWERDEN

ARRIEN, ANGELES: *Acht Tore zur Weisheit. Erfüllung in der zweiten Lebenshälfte.* Bielefeld 2009

BLECHA, KARL / KHOL, ANDREA;/ CHORHERR, CHRISTA: *Fressen die Alten den Kuchen weg? Das Alter neu denken.* St. Pölten 2012

BOLLES, RICHARD NELSON: *Die besten Jahre. Planen Sie jetzt, wie Sie nach dem Job leben wollen.* Frankfurt 2008

BOVENSCHEN, SILVIA: *Älter werden.* Frankfurt 2010

KAST, VERENA: *Sisyphos. Vom Festhalten und Loslassen.* Freiburg 2004

KAST, VERENA: *Vom Sinn der Angst. Wie Ängste sich festsetzen und wie sie sich verwandeln lassen.* Freiburg 2007

KORTE, MARTIN: *Jung im Kopf. Erstaunliche Einsichten der Gehirnforschung in das Älterwerden.* München 2012

LANGER, ELLEN: *Counterclockwise. Mindful Health and the power of Posibility.* New York 2009

LINDENBERGER, ULMAN / SMITH, JACQI / MAYER, KARL ULRICH / BALTES, PAUL B.: *Die Berliner Altersstudie.* Berlin 2009

MITSCHERLICH, MARGARETE: *Die Radikalität des Alters. Einsichten einer Psychoanalytikerin.* Frankfurt am Main 2012

OTTEN, DIETER: *Die 50+-Studie. Wie die jungen Alten die Gesellschaft revolutionieren.* Reinbek bei Hamburg 2008

QUADBECK, OTTO / ROTH, WOLFGANG L.: *Das Empty-Desk-Syndrom. Die Leere nach der Pensionierung: Wie Führungskräfte nach Beendigung der Erwerbsarbeit ihre psychischen Probleme bewältigen.* Lengerich 2008

ROSENMAYR, LEOPOLD: *Im Alter noch einmal leben,* Wien / Berlin 2011

SCHÄFER, ANNETTE: *Sie sind jünger als Sie denken,* in: *Psychologie Heute,* Heft 6, S. .ff, Weinheim 2010

SCHREIBER, BIRGIT, *Die jungen Alten,* in: *Psychologie Heute,* Heft 7, S. 44 ff, Weinheim 2013

STATISTISCHES BUNDESAMT: *Statistisches Jahrbuch 2012,* Wiesbaden 2012

WARE, BRONNIE: 5 *Dinge, die Sterbende am meisten bereuen, Einsichten, die Ihr Leben verändern werden.* München 2013

WESTERMANN, CHRISTINE: »*Da geht noch was – mit 65 in die Kurve,* Köln 2013

WIESENEDER, SUSANNA: *Karriere nach der Lebensmitte. Wie positioniere ich mich in der Lebensmitte?* Zürich 2009

FAULHABER, PETER / LANDWEHR, NORBERT / GRABOW, HANS-JOACHIM: *Turnaround-Management in der Praxis. Umbruchphasen nutzen – neue Stärken entwickeln.* Frankfurt / New York 2006

HEATH, CHIP AND DAN: *Switch: How to Change when Change is hard.* New York 2010

HEITGER, BARBARA: *Harte Schnitte, Neues Wachstum. Die Logik der Gefühle und die Macht der Zahlen im Changemanagement. Das Konzept der unbalanced transformation.* Frankfurt / Wien 2002

DOPPLER, KLAUS / LAUTERBURG, CHRISTOPH: *Change Management. Den Unternehmenswandel gestalten.* Frankfurt 2008

KOTTER, JOHN / RATHGEBER, HOLGER: *Das Pinguin-Prinzip – Wie Veränderung zum Erfolg führt.* München 2006

KOTTER, JOHN: *What Leaders Really Do.* San Francisco 2008

LEAO, ANJA: *Fit for Change. 44 praxisbewährte Tools und Methoden im Change für Trainer, Moderatoren, Coaches und Change-Manager.* Bonn 2009

NAGEL, REINHARD: *Lust auf Strategie. Workbook zur systemischen Strategieentwicklung.* Stuttgart 2009

REITH, FRANK VON / WIMMER, RUDOLF: *Organisationsentwicklung und Change Management.* In: Meissner, Jens,/Wolf, Patrizia: *Handbuch praktische Organisationswissenschaft.* Heidelberg 2009

ROHM, ARMIN (HRSG.): *Change-Tools. Erfahrene Prozessberater präsentieren wirksame Workshop-Interventionen.* Bonn 2006

SCHARMER CARL OTTO: Theory U: *Leading from the future as it emerges – The social technology of presencing,* Society for Organizational Learning. Cambridge 2007

SENGE, PETER M.: *Die fünfte Disziplin. Kunst und Praxis der lernenden Organisationen.* Donauwörth 2011

WIMMER, RUDOLF: *Die Zukunft des Change Management.* ZOE 4, 2011

WIMMER, RUDOLF: *Dritter Modus der Beratung. Warum die Haltung mehr als nur Halt bietet.* Interview mit Rudi Wimmer, in: Claßen, Martin. *Change Management aktiv gestalten. Personalmanager und Führungskräfte als Architekten des Wandel.* Köln 2013

WIMMER, RUDOLF: *Wider den Veränderungsoptimismus.* In: WIMMER, RUDOLF: *Organisation und Beratung. Systemtheoretische Perspektiven für die Praxis.* S. 155–162. Heidelberg 2004

WÜTHRICH, HANS A.,/ OSMETZ, DIRK / KODUK, STEFAN: *Musterbrecher. Führung neu leben.* Wiesbaden 2006

RESILIENZFORSCHUNG

BROOKS, ROBERT / GOLDSTEIN, SAM: *Das Resilienz-Buch. Wie Eltern ihre Kinder fürs Leben stärken.* Stuttgart 2007

CYRULNIK, BORIS: *Die Kraft, die im Unglück liegt. Von unserer Fähigkeit, am Leid zu wachsen.* München 2001

CYRULNIK, BORIS: *Mit Leib und Seele. Wie wir Krisen bewältigen,* Hamburg, 2007

CYRULNIK, BORIS: *Warum die Liebe Wunden heilt.* Weinheim / Basel 2006

DIEGELMANN, CHRISTA / ISERMANN, MARGARETE: *Kraft in der Krise. Ressourcen gegen die Angst.* Stuttgart 2011

FRÖHLICH-GILDHOFF, KLAUS / RÖNNAU-BÖSE, MAIKE: *Resilienz.* München 2009

GRUHL, MONIKA: *Die Strategie der Stehauf-Menschen. Krisen meistern mit Resilienz.* Freiburg i.Br. 2010

RAMPE, MICHELINE: *Der R-Faktor. Das Geheimnis unserer inneren Stärke.* München 2010

VONHOFF, BERND / REISCHL, GERALD: *Erfolgsfaktor Sinn. Die Entdeckung der Zufriedenheit.* Wien 2009

ZUR EIGENEN PERSON: Mehr Informationen zu meiner eigenen Person, zu meinen Bildern, aber auch weitere Hinweise zu Möglichkeiten der Unterstützung von Veränderungsprozessen finden Sie auf meiner Website: www.Beate-Winkler.net

WERKVERZEICHNIS DER BILDER VON BEATE WINKLER

S. 17 »Vielfalterei«, Acryl auf Leinwand, 160 x 120 cm, 2012

S. 27 »Staunen«

- »Staunen sanft«, Acryl auf Malkarton, 45 x 50 cm, 2012
- »Staunen berührt«, Acryl auf Malkarton, 45 x 50 cm, 2012

S. 35 »Wesenskern«, Acryl auf Leinwand, 190 x 140 cm, 2013

S. 43 »Höhentiefe«, Acryl auf Leinwand, 100 x 80 cm, 2013

S. 55 »Lebenspfade«, Acryl auf Leinwand, 190 x 140 cm, 2013

S. 95 »Dabei«, Acryl auf Leinwand, 140 x 100 cm, 2012

S. 105 »Dreiklang+Lustamzu«,

- »Dreiklang«, Acryl auf Malkarton, 200 x 45 cm, 2013
- »Lustamzu«; Acryl auf Malkarton, 200 x 30 cm, 2013

S. 115 »Anders«, Acryl auf Leinwand, 140 x 100 cm, 2012

S. 125 »Inallemsein«, Acryl auf Leinwand, 160 x 120 cm, 2013

S. 135 »Verbinden«, Acryl auf Leinwand, 100 x 80 cm, 2006

S. 145 »Offenwachsen«, Acryl auf Leinwand, 80 x 100 cm, 2013

S. 155 »Lebensklänge +3«,

- 4 Bilder, Acryl auf Malkarton, jeweils 200 x 15 cm, 2012 und 2013

S. 165 »Sehnsuchtslandschaft«, Acryl auf Leinwand, 190 x 140 cm, 2013

S. 175 »Bewegungsschimmer«, Acryl auf Leinwand, 100 x 80 cm, 2013

S. 181 »Achtersinn«, Acryl auf Leinwand, 100 x 80 cm, 2013

S. 191 »Weitenlicht«, Acryl auf Leinwand, 160 x 120 cm, 2013

QUELLENVERZEICHNIS